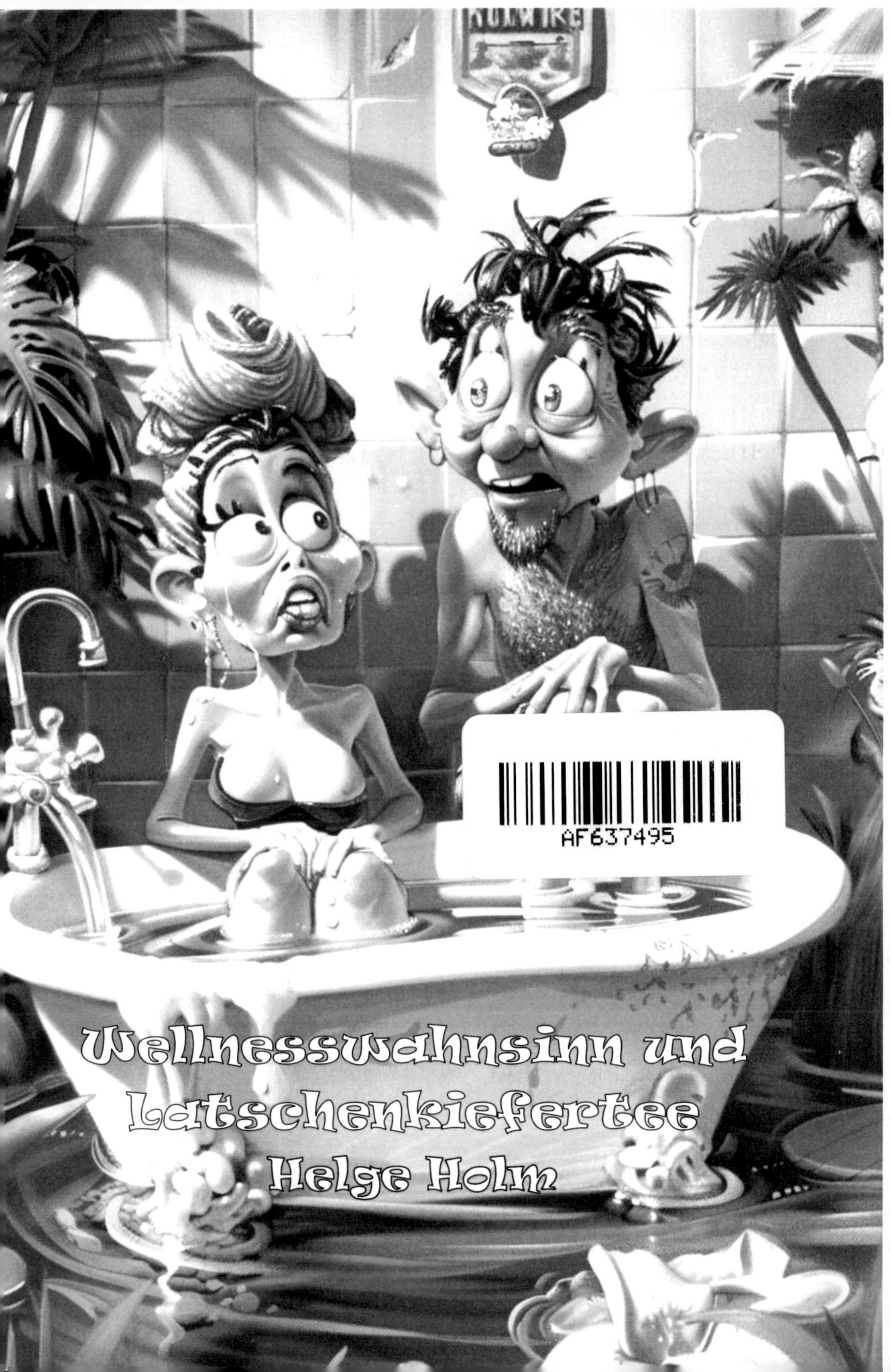

Wellnesswahnsinn und Latschenkiefertee

Helge Holm

Helge Holm

Wellnesswahnsinn und Latschenkiefertee

Schräge Geschichten voller Humor

DeBehr

Herausgeber: Verlag DeBehr, Radeberg
Erstauflage: 2024
ISBN: 9783987272493
Grafiken erstellt über midjourney. com

Vorwort

Für vieles im Leben brauchen wir Dokumente. Urkunden, Genehmigungen, Zertifikate, schlicht Erlaubnisse aller Art. Deutschland ist, was Bürokratie angeht, führend in der Welt. Darauf könnten wir mit Recht stolz sein, wäre es nicht ab und zu ein bisschen zu viel des Guten. Daneben gibt es Bereiche, in denen sich jeder nach Belieben frei betätigen kann, ohne eine Qualifikation nachweisen zu müssen. Es ist der Bereich des Alltags. Unendliche Weiten. Das Leben im Normalzustand, die Haushaltsführung und alles Übrige, von dem jeder sagt, er habe es im Griff. Aber stimmt das wirklich? Scheitern wir nicht oftmals an Kleinigkeiten? An Details? An unserer Selbstüberschätzung? An der so oft gehörten Floskel „Das kann doch nicht so schwer sein…!?“

Wir sind nicht nur ein Volk der Dichter und Denker, sondern bisweilen auch eins der Heimwerker, der Besserwisser, der Optimisten und der Klugscheißer. Unseren guten Ruf beweisen wir regelmäßig, in dem wir ihn hervorheben und mit einer ordentlichen Portion Selbstbewusstsein in die Waagschale werfen, wenn es gilt, Probleme zu lösen. Wenn ein „Fachmann“ gesucht wird, sind wir zur Stelle. Aber sind wir immer vom Fach oder glauben wir es nur? Auch oder gerade die vermeintlich einfachen alltäglichen Dinge stellen uns vor ungeahnte Probleme, die wir selbstverständlich nicht als solche ansehen, wenn wir sie denn überhaupt als Probleme erkennen. Im Brustton der Überzeugung gilt es, jeden noch so kleinen Zweifel an der Kompetenz beiseite zu schieben. Erst wenn nach einigen Stunden und diversen Fehlversuchen etwas nicht oder nicht mehr funktioniert, geben wir auf – jedoch nicht ohne einen weiteren Versuch anzukündigen und vor allem nicht ohne klare Schuldzuweisungen in andere Richtungen. Denn letztlich hätten wir das Problem gelöst, wenn nicht höhere Gewalt oder eine fremde Einwirkung unser Genie ausgebremst hätte. Dass wir uns stattdessen häufig selbst im Weg stehen, erkennen wir oftmals nicht. Zeit wird es.

So zeigt dieses Buch anhand ausgewählter Szenarien und Lebenssituationen, welche Ereignisse uns immer mal wieder zum Scheitern bringen können. Dabei treffen sich häufig Weisheit, Wahrheit, Witz und Wahnsinn und sorgen für eine explosive Mischung, in der die Unzulänglichkeit Methode hat. Schauen Sie selbst und vor allem: Haben Sie viel Spaß bei den ausgewählten Geschichten.

Ich bedanke mich bei all denen, die mich während der Überlegungen zu diesem Buch bestärkt und unterstützt haben. Besonderer Dank geht an die vielen Zeitgenossen, die ich nicht persönlich kenne, die mir aber durch ihre Äußerungen und Verhaltensweisen gewollt oder ungewollt den Stoff für dieses Buch geliefert haben.

Helge Holm

Inhalt

Die Last des Alltags

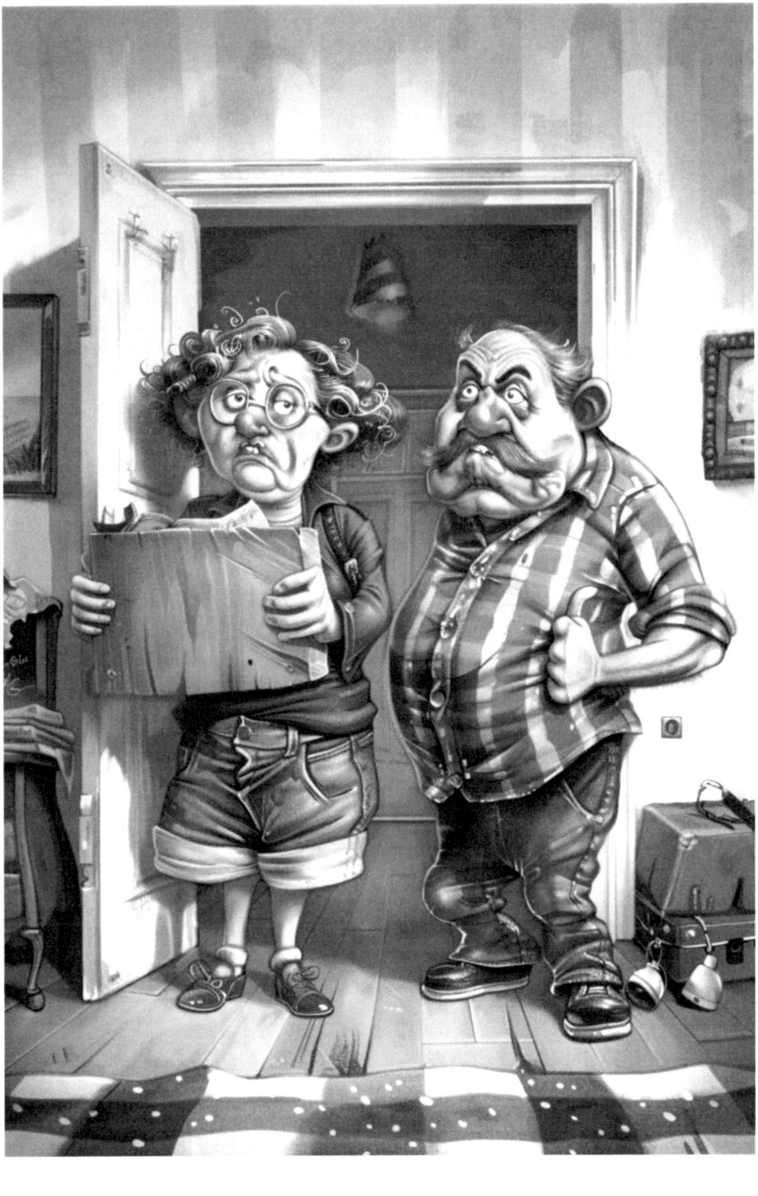

Umzug mit Hindernissen

Ein Umzug ist stets eine heikle Sache. Je größer der Haushalt, desto schwieriger das Umzugsunterfangen. Ich selbst kenne es gut genug. So bin ich als Single etliche Male umgezogen. Warum man landläufig sagt, dreimal umgezogen ist gleich einmal abgebrannt, kann ich gut nachvollziehen. Viele von Ihnen haben ähnliche Erfahrungen gemacht und werden mir sicher zustimmen.

Später als Familie zogen wir auch zweimal um. Das größte Problem beim Umzug besteht darin, innerhalb eines Tages alles zu schaffen – eine Wohnung vollständig zu verlassen und eine neue vollständig zu beziehen. Verständlich, wenn viele sagen, das sei echt viel Arbeit. Für manchen zu viel. Muss ja auch nicht sein, zumindest muss man es nicht allein bewältigen, denn es gibt ja Umzugsunternehmen. Die Profis. Ihnen kann man sich bedenkenlos anvertrauen, schließlich bringen sie jede Menge Erfahrung mit.

Meine ehemaligen Nachbarn, die Schröders, wollten auch umziehen. Genauer gesagt mussten sie umziehen, denn das Haus, in dem sie wohnten, galt schon länger als Sanierungsfall – bis es dann zu einem hoffnungslosen Fall wurde. Der Gebäudeeigentümer entschied irgendwann, es abreißen zu lassen. Eine Sanierung war ihm offensichtlich zu teuer. Und so unterrichtete er die Mieter von diesem Umstand, so auch die Schröders. Sie bekamen eine Frist, bis zu der sie ausgezogen sein mussten. Zwei Monate vor diesem Fristablauf hatte Papa Helmut Schröder eine Umzugsfirma bestellt. Er hatte hierzu etliche Firmen angefragt und Preise verglichen.
Letztlich entschied er sich gemeinsam mit seiner Frau Gundula und Sohn Detlef für das sehr günstige Umzugsunternehmen „Fix und Fertig“, das ihm eine preiswerte Offerte unterbreitet hatte,

wie er fand, und das sich auch als sehr leistungsfähig beschrieb.

Mama Gundula Schröder war der Meinung, wenn die Stimmung gut sei, würde schon alles reibungslos verlaufen. Und um das zu ermöglichen, wollte sie den Jungs von der Umzugsfirma etwas zu essen machen. Schließlich macht die Schlepperei Hunger und gutes Essen macht gute Laune. Am Umzugstag war sie somit als erste auf den Beinen und stand bereits um 5 Uhr früh in der Küche. Helmut kam gegen halb sieben aus dem Bad. Er sah immer wieder nervös aus dem Fenster, denn die Umzugsfirma hatte sich für 7 Uhr angesagt. Gemeinsam überlegten sie, wann sie Sohn Detlef wecken wollten, denn der wachte für gewöhnlich am Vormittag nie freiwillig auf.

Punkt 7 Uhr hielt der Umzugswagen vor dem Haus der Schröders. Vier Männer stiegen aus und riefen sich einige Kommandos zu. Helmut ging raus und begrüßte den Fahrer.
„Guten Morgen“, rief dieser. „Mein Name ist Horst Schmalbacke. Ich bin hier der Teamleiter. Alles klar bei Ihnen?“
Helmut war erleichtert.
„Ich denke schon. Wie viele Leute haben Sie mitgebracht?“
„Nur unsere besten Kräfte“, rief der Teamleiter zurück. „Das ist der Ali, das dort der Ramzy und da hinten steht der Jünter.“
„Alle Nationalitäten vertreten, was?“, gab Helmut mit etwas nachdenklichem Gesicht zurück.
„Wir sind ein international agierendes Umzugsunternehmen. Ali kommt aus der Türkei, Ramzy aus Ägypten und der Jünter aus dem Sauerland. Das sind unsere besten Leute!“
Helmut war überzeugt.
„Na dann kommen Sie mal rein.“

Der Teamleiter schritt voran und sah sich kurz in der Wohnung um.
„Wo fangen wir denn an?“

„Also … der Detlef schläft noch, da können Sie nicht rein. Das Bad brauchen wir auch noch und das Schlafzimmer ist noch nicht gelüftet. Fangen Sie doch im Wohnzimmer an. Den Schrank müssen Sie abbauen.“
Gesagt – getan. Horst gab seinen Leuten ein paar unmissverständliche Handzeichen und von da an kreiste der Akkuschrauber, es wurde gehämmert und gebohrt, um das Wohnzimmer umzugsfertig zu machen. Beim Raustragen der ersten Teile polterte ein Brett gegen die Tür von Detlefs Zimmer.
Kurz darauf stand der empört im Flur.
„Was soll der Krach hier mitten in der Nacht?“
„Junge, der Umzug hat begonnen“, rief ihm Gundula aus der Küche zu.
„Ich dachte, das wäre erst nächste Woche?“, murmelte Detlef etwas verschlafen.
„Da hast Du Dich im Kalender geirrt. Geh doch bitte gleich ins Bad...“, trieb ihn Gundula an. Dann wandte sie sich an die Männer. „Herr Ali, wenn Sie sich etwas stärken wollen… ich habe Kartoffelsalat und Fischfrikadellen gemacht. Nachher gibt es noch eine Crème Brulée und ein paar Knabbereien für zwischendurch. Gilt auch für die anderen.“ Gundula war in ihrem Element. Sie kochte gern und deftig.

„Haben Sie den Wohnzimmerschrank hinbekommen?“, wollte Helmut währenddessen von den Männern wissen. Ali und Ramzy nickten.
„Wissen Sie...“, führte Helmut aus, „ich bin mit dem Schrank schon vier Mal umgezogen und jedes Mal hat ihn ein Freund auseinander- und wieder zusammengebaut. Danach war er schrottreif.“
Die Männer sahen ihn etwas fragend an.
„Nein...nicht der Wohnzimmerschrank – der Freund.“ ergänzte Helmut grinsend.

Teamchef Horst hatte zwischenzeitlich Jünter angewiesen, die Umzugskartons aus dem Wagen zu holen. Doch der kam unverrichteter Dinge zurück und erklärte, die könne man nicht verwenden, weil sie nass wären. Die Plane des LKW hatte genau an der Stelle über den gestapelten Kartons ein Loch und es hatte die Nacht zuvor heftig geregnet. Horst fluchte kurz vor sich hin und entschied dann, wie das Problem zu lösen sei. Bis zur Zentrale zurück war es zu weit. Also wies er Jünter an, in die benachbarte Gärtnerei zu gehen und nach leeren Blumenkübeln oder Holzkisten zu fragen. Der lief auch sofort los.

Im Haus hatten Ali und Ramzy der Aufforderung von Gundula Folge geleistet und mittlerweile je einen Teller Kartoffelsalat und zwei Fischfrikadellen gegessen. Helmut war indessen etwas hektisch. Es ging ihm nicht schnell genug. Auch war sein Sohn noch nicht aus dem Bad gekommen.
„Wann wollt ihr das Bad abbauen?“, erkundigte er sich bei Teamchef Horst.
„Das Bad…? Da ist doch nichts mehr,“ gab dieser verdutzt zurück.
„Doch!“ befand Helmut. „Wir nehmen die Toilette mit.“
„Wie bitte?“
„Das Haus wird abgerissen, wenn wir ausgezogen sind. Und wir haben doch neu gebaut. Die Toilette kommt für Gäste in die Garage“, erklärte ihm Helmut, drehte sich um und rief in Richtung Bad: „Detlef, bist Du fertig im Bad?“
Horst stutzte immer noch, als Detlef lachend aus dem Bad kam und antwortete:
„Ihr könnt das Klo noch nicht abbauen. Die beiden Möbelpacker kotzen gerade um die Wette!“
„Was ist da los?“ Helmut eilte mit dem Teamchef ins Bad und blickte in das blasse Gesicht von Ali, während Ramzy erneut mit Würgekrämpfen über der Toilette hing.
„Ich glaube, die Fischfrikadellen sind mir nicht bekommen“,

erklärte Ali und hielt sich den Bauch. Irgendwie riechen die auch komisch.

„Gundula, mit Deinen Frikadellen stimmt was nicht! Wo hast Du die her?“
Gundula schaute irritiert.
„Na, vom Fischmarkt, wie immer. Da waren gestern die Makrelen im Sonderangebot. Zum halben Preis und schon verarbeitet. Habe ich sofort mitgenommen. Aber wenn sie nicht schmecken, dann lasst sie liegen. Ich mache jetzt die Crème Brulée.“
„Aber bitte ohne Fisch!“, rief Helmut.

Ali hatte sich nach vollständiger Magenentleerung inzwischen wieder gefangen und war bereit, weiterzuarbeiten. Ramzy hatte es stärker erwischt. Er legte sich auf die Couch in Detlefs Zimmer und stöhnte vor sich hin. Auch Jünter war noch nicht zurück und so bat Ali seinen Chef, mit anzupacken. Der beklagte, er mache sich hier inzwischen zum „Horst“, wohingegen Ali ihm erklärte, er sei doch der Horst.
Nachdem sie eine Weile zu zweit weitergearbeitet hatten, trat Jünter wieder in die Wohnung.
„Und...hast Du Behälter besorgt?“, rief ihm Horst entgegen.
„Nein, es gab keine, aber die Zentrale liefert uns die Kartons in einer halben Stunde nach. Ich war inzwischen auf dem Markt und habe für uns was zu essen geholt.“
„Das ist gut“, befand Horst. „Hier essen wir besser nichts. Was hast Du denn mitgebracht.“
„Lecker Fischfrikadellen aus dem Sonderangebot.“ Ali ließ den Gegenstand, den er in der Hand hatte, fallen und lief zurück zur Toilette, um sich sofort erneut zu übergeben.
Horst sah Jünter scharf an:
„Du isst bitte jetzt noch nicht. Ich brauche Dich hier.“

Teamchef Horst nahm sich Helmut beiseite:
„Überlegen Sie vielleicht noch einmal, ob Sie die Toilette wirklich mitnehmen wollen. Wir haben auch kein schweres Werkzeug bei uns."
„Na gut", entschied Helmut. „Dann nehmen wir aber die Badewanne mit. Können Sie sofort abbauen."
„Detlef, hast Du jetzt endlich Dein Zimmer fertig? Und weck den Ägypter!"
„Bin schon längst dabei. Ich muss nur noch die Playstation abbauen,", rief der etwas genervte Detlef zurück.
„Das geht auch nicht schneller, wenn Du hier pausenlos kommandierst."

Jünter machte sich unterdessen an der Badewanne zu schaffen. Doch das gute alte Stück hatte Rost angesetzt und die Bodenverankerung ließ sich nicht mehr abschrauben. Das Haus war bekanntlich überall sanierungsbedürftig. Kurzerhand nahm Jünter das Stemmeisen um die Wanne aus dem Boden zu hebeln. Das funktionierte drei Mal hintereinander recht gut. Bei der letzten Verankerung setzte Jünter etwas tiefer an und riss mit einem heftigen Ruck ein Stück vom Boden mit heraus. Es knirschte, staubte und rieselte und plötzlich war der Blick frei in das Wohnzimmer der darunter liegenden Wohnung. Ein handtellergroßes Loch bescherte einen seltenen Einblick in die unten gelegene Nachbarwohnung, in der das Ehepaar dort gerade beim Frühstück saß.

Jetzt haben wir ein Problem, dachte sich Jünter und er hatte recht. Es dauerte nicht lange, bis der Nachbar klingelte. Jünter ging an die Tür und versuchte, den aufgebrachten Untermieter zu beruhigen. Doch der war recht lautstark, so dass Teamchef Horst die Auseinandersetzung mitbekam.
„Wir ziehen da eine provisorische Zwischendecke ein", entschied Horst. Er war sichtlich bemüht, den Konflikt

herunterzuspielen. Schließlich ging es um den Ruf des Umzugsunternehmens.
„Regen Sie sich nicht auf. Sie ziehen doch auch im nächsten Monat aus. Jünter, gib dem Herrn doch mal ein Bier und eine Fischfrikadelle, damit er sich beruhigt."

In diesem Augenblick ertönte ein Aufschrei aus der Küche.
„Wir haben einen Kurzschluss! Der Strom ist weg. Helmut, mach` mal was! Ich habe die Crème Brulée auf dem Herd."
Gundula geriet in Panik. Die Sache klärte sich allerdings schnell auf.
Detlef kam aus seinem Zimmer in den Flur. Durch seine geöffnete Zimmertür zog schwarzer Rauch:
„Alles okay Leute, ich habe die Playstation für den Transport neu verkabelt, da ist was schief gegangen, aber jetzt habe ich es. Mache nur noch ein Update."
Diese Aktion weckte den Möbelpacker Ramzy auf, der laut hustend aus dem Zimmer von Detlef herauskam.
„Alles wieder okay bei Dir?", erkundigte sich Horst bei Ramzy. Der verzog etwas das Gesicht und hielt die Hand vor den Bauch.
Gundula kam aus der Küche:
„Herr Ramzy, das tut mir wirklich leid, dass Ihnen das Essen nicht geschmeckt hat. Ist halt deutsche Hausmannskost. Sie essen ja in Ihrer Heimat etwas anderes. Darf ich Ihnen einen Jägermeister anbieten?"
Ramzy würgte erneut vor versammelter Mannschaft.
Horst hatte ein Einsehen:
„Mensch Junge, geh` noch mal aufs Klo und kotze Dich aus."
„Halt... das geht nicht!", rief Jünter dazwischen. „Das Klo ist besetzt. Da ist der Nachbar drin und reiert, was das Zeug hält. Ich verstehe das gar nicht. Die Frikadellen sind echt gut."
„Hast Du die etwa auch gegessen?" Horst bangte so langsam um die Einsatzfähigkeit seiner Truppe. Zu Gundula gewandt sagte er:

„Können Sie uns einen Tee machen, der den Magen beruhigt?“
„Nee... geht ja nicht! Ich habe ja immer noch keinen Strom.“
Helmut verlor so langsam die Nerven.
„Detlef, was ist da los? Bist Du jetzt endlich fertig mit Deinem Date?“
„Kein Date! Ein Update, Papa! Aber die Sicherung fliegt immer wieder raus“, rief Detlef zurück.
„Bring Deinen Mist jetzt auf den Transporter, sonst bleibt das Zeug hier. Und mach hier mal das Fenster auf, damit der Rauch abzieht!“ Helmut war inzwischen auf 180.

Aus der Ferne näherte sich nun ein Feuerwehrfahrzeug, dessen Einsatzsirene deutlich zu hören war. Die Sirene kam immer näher. Der Einsatzwagen stoppte direkt vor dem Haus der Schröders. Kurz darauf rannten zwei Feuerwehrmänner die Treppe hoch und kamen durch die geöffnete Wohnungstür in die Wohnung von Helmut und Gundula.
„Ist das hier die Wachtelmannstraße 14? Wir sind alarmiert worden.“
„Wiesoooo? Wer hat das veranlasst?“ Helmut hatte bereits deutliche Schwitzflecken unter dem Arm und Schweißperlen auf der Stirn.
„Na schauen Sie sich doch mal den Rauch an. Loosssss! Wasser marsch!“, rief einer der Feuerwehrmänner.
„Gibt es Verletzte?“, wollte der andere wissen.
Jünter kam aus dem Bad, in seiner Hand eine angekaute Fischfrikadelle, und rief mit vollem Mund:
„Ja, hier ist einer im Bad. Der sieht ganz grün aus. Und da hinten der Ägypter.“

Der Feuerwehreinsatz war schließlich nach einer halben Stunde erledigt und die Feuerwehr rückte wieder ab. Eine Einladung zum Essen lehnten die Feuerwehrleute freundlich aber bestimmt ab. Gundula konnte noch ihre Crème Brulée fertigstellen und

Jünter aß die letzten Fischfrikadellen auf. Die Playstation von Detlef hatte einen leichten Wasserschaden, wurde aber trotzdem eingepackt und mitgenommen. So auch die Badewanne und das übrige Mobiliar. Helmut hatte sich mit Hilfe einiger Gläser Doppelkorn wieder halbwegs beruhigt. Sie saßen bereits zur Abfahrt im vollgepackten Umzugstransporter, als sie durch die geöffnete Fensterscheibe ihren wutentbrannten Nachbarn hörten, der ihnen hinterherrief, sie würden noch von ihm hören. Sein ganzes Wohnzimmer sei durch das Loch in der Decke voller Löschwasser.

Gundula war bereits wieder guter Dinge.
„Wenn wir angekommen sind und alles im Haus ist, dann wird der Detlef für uns alle grillen“, entschied sie. „Ich habe heute morgen schon dafür eingekauft.“
„Wenn er grillt, dann aber bitte ohne Strom“, gab Horst zu bedenken.
„Was wird denn gegrillt?“, erkundigte sich Jünter. „Ich habe noch ein paar Sardinen vom Fischmarkt.“
Ali und Ramzy sahen sich erschrocken an.
„Sie müssen für mich nicht decken. Wir haben jetzt Ramadan“, erklärte Ali.
Und Ramzy ergänzte schnell:
„Wir auch.“
Jünter zuckte nur mit den Schultern und sagte:
„Wie ihr wollt. Gibt es auch noch ein paar Fischfrikadellen?

Geldanlage ist nur etwas für Profis

Die Statistiker rechnen es uns vor: Die Reichen werden immer reicher und das Geldanlagevermögen bricht jedes Jahr neue Rekorde in unserem Land. Nun macht Geld nicht unbedingt glücklich. Vor allem aber macht es Arbeit. Wer Geld hat, hat Handlungsbedarf und muss sich damit etwas einfallen lassen. Das führt viele Zeitgenossen in die Hände dubioser Anlagevermittler. Auch im folgenden Beispiel ist nicht unbedingt eitel Sonnenschein in der Vermögensberatung.

Frankfurt. Bankenviertel. Ein älterer, etwas verschüchtert wirkender Mann mit steifem Hut auf dem Kopf betritt eine kleine unscheinbare Finanzvermittlungsagentur, die zwischen einer Döner-Bude und einem Subway-Restaurant angesiedelt ist. Darin sitzt ein bullig wirkender Typ mit viel zu knappem Anzug und einem altertümlichen Bart. Der ältere Herr stellt sich vor: „Guten Tag, mein Name ist Hubert Senfeisen. Ich habe hier einen Termin."

„Du musst mit mir vorlieb nehmen, der Sebastian hat Außendienst heute. Setz Dich. Ich bin der Mick. Du suchst eine Geldanlage, richtig?"

„Ähm...ja, also ich wollte etwas zurücklegen, aber auf den Sparbüchern bekommt man doch keine Zinsen mehr, wissen Sie… Erst hatte ich einen Vermögensberater, aber der hat mir nur Versicherungen angedreht, die ich nicht brauchte. Danach war ich bei der Versicherung, aber die wollten, dass ich auf mein Geld 30 Jahre lang verzichte. So lange lebe ich doch nicht mehr."

Mick sah ihn gelangweilt an.

„Jetzt wird ja alles besser. Käffchen?"

„Wie bitte?"

„Ob Du auch einen Kaffee möchtest?"

„Ach so...nein danke, ich bin mit dem Magen nicht so ganz in Ordnung. Haben Sie grünen Tee?"

„Nee, so eine Plörre trinken wir hier nicht! Du kannst auch einen Gin-Tonic kriegen. Aber kommen wir erstmal zur Sache: Was hast Du Dir denn vorgestellt?"
„Na ja … ich wollte mich erst mal beraten lassen. Man ist ja heute so unsicher und möchte keine Fehler machen."
„Beraten…?"
Mick verzog das Gesicht.
„Wir sind hier kein Quasselclub, wir machen Deals, verstehst Du? Top-Deals mit Finanzprodukten! 24 Stunden am Tag. Und Du kannst partizipieren, weil wir es gut mit Dir meinen. Aber Du musst auch was tun. Und jetzt brauche ich Deine Daten… Moment." Micks Handy klingelte. Er verzog das Gesicht. „Unwichtig. Der DAX hat die erste Unterstützungslinie durchbrochen. Dann klingelts bei mir immer."
„Aber ich bin nun einmal ratlos", versicherte Hubert.
„Schon klar. Geldanlage ist auch nur etwas für Profis. Also … was bist Du denn für ein Typ?"
„Ich …? Ja, also geboren bin ich im Sauerland und aufgewachsen..."
Er kam nicht weiter, weil Mick ihn unterbrach,
„Hey … hey...! Das interessiert doch niemanden. Ich wollte wissen, was für ein ANLAGE-Typ Du bist. Konservativ? Oder was?"
„Ich wähle seit Jahren SPD. Konservativ sind wir nicht."
„Nicht politisch. Ich meinte risikoscheu. Also keine Sorge. Dafür habe ich was. Da gehen wir höchstens zu 35% in den neuen Markt, künstliche Intelligenz, etwas gestreut, und sonst bisschen Stahl und pharmazeutische Werte. Die brauchst Du unbedingt."
„Und die kann ich hier bekommen?", fragte Hubert ungläubig.
„Klar … so viel Du willst."
„Da würden Sie mir einen Weg abnehmen. Ich muss dann nicht mehr in die Apotheke."
Mick zieht ein Papier aus der Schublade.
„Pass auf, ich habe hier einen interessanten Fonds für Dich.

Kennst Du Fonds?“
„Ja, klar. Das machen wir öfters. Einen Fischfonds mit Einlage.“
Mick verzieht das Gesicht. „Quatsch! Pass auf! Fonds bündeln verschiedene Wertpapiere in einer Geldanlage. Dazu gehören Aktienfonds, Rentenfonds, Immobilienfonds, Mischfonds und ETFs. Die können wir Dir aktiv managen. Da musst Du gar nichts machen. Wir können sogar ein Index-Hopping vereinbaren. Hast Du das schon mal gemacht?“
„Was soll ich gemacht haben…?“ Hubert verstand nicht.
„Index-Hopping. Das machen viele.“
„Nein, nein, also aus dem Alter bin ich raus. Na hören Sie mal, was soll denn meine Frau von mir denken?“ Hubert überlegte kurz und sah sich verschüchtert um. „Also wenn Sie da etwas anbieten können… Das muss aber unter uns bleiben!“
„Mmh...egal, dann streichen wir das,“ entschied Mick. „Es ist ja auch die Frage, ob Du an Europa glaubst.“
Hubert schaute verunsichert.
„Europa? Nein, nein, wir machen eigentlich nur Urlaub in Deutschland. Ich kann die Sprachen alle nicht. “
Noch ehe Mick darauf eingehen konnte, ertönte ein Geräusch wie von einer Kreissäge.
Hubert erschrak.
„Das ist nur das Trendbarometer der Industriekonzerne. Aktualisiert sich alle 15 Minuten,“ erläuterte Mick. „Aber zurück zu Dir. Du musst mir noch mal sagen, wie wichtig Dir die Einlagensicherung ist.“
„Die Einlagensicherung? Die ist mir sehr wichtig,“, entgegnete Hubert mit ernstem Gesichtsausdruck. „Also ohne meine Einlagen verlasse ich nicht das Haus.“
Mick atmete schwer und senkte den Bleistift.
„Also mit indexzertifizierten Papieren kannst Du eigentlich nichts falsch machen. Ich mach Dir da mal ein Angebot. Wie viel Geld möchtest Du anlegen?“
„Ich habe 1.000 €“, erwiderte Hubert.

„1.000 €??? Ich fasse es nicht!“ Mick ist entrüstet. Er zieht aus der Schublade seines Schreibtischs einen Gin-Tonic und leert das Glas auf ex. Anschließend schüttelt er sich kurz und sieht Hubert mit funkelnden Augen an. „Ich will Dir hier ein Portfolio komponieren, verstehst Du, ... das Rendite mit Sicherheit und überschaubarer Laufzeit bei gleichzeitiger Wahrung der Marktchancen verbindet und Du kommst hier mit Kleinbeträgen! Ich glaube es nicht. Weißt Du, was ich am Tag verdienen kann?“
„Was machen wir denn jetzt?“, fragt der sichtlich verunsicherte Hubert.
„Da gibt es nur eine Möglichkeit. Wir investieren in den peruanischen Rentenmarkt mit einem vordiskontierten Vermögensaufbau und einem Renditeplan, der dreiviertel Punkte über dem Dow Jones als Zielwert taxiert wird.“
„Dreiviertel Punkte. Aha. Komisch. Jetzt ist es auch gerade dreiviertel zwölf. Und ich überweise Ihnen dann die 1.000 Euro?“
„Nein, nein, Du kaufst dafür den peruanischen Sol und gehst direkt in den Rentenmarkt.“
Hubert wiederholte langsam, was Mick gesagt hatte.
„Ich gehe ... direkt… in den Rentenmarkt.“
„Genau.“
„Eigentlich fühle ich mich dafür noch zu jung. Haben Sie denn die Adresse vom Rentenmarkt?“
„Ich mach` das für Dich. Hier setz mal da Deine Unterschrift drunter, dann bist Du drin. Dann bringst Du mir die 1.000 Euro und eine Auftragspauschale von 100 Euro und hast alle Chancen am Rentenmarkt. Du zahlst einen jährlichen Verwaltungskostenbeitrag von 5% Deiner Anlagesumme und kannst Dich ab sofort zurücklehnen und beobachten, wie Dein Geld weniger … also, ich meine weniger schlecht gemanagt wird. Jedes Jahr schicken wir Dir einen Report.“
Hubert überlegte einen Moment.
„Ah ja ….komisch, das klingt ziemlich genau wie das Angebot von meinem Versicherungsvertreter.“

„Das kann schon sein", erwiderte Mick, „die klauen ja auch Ideen, wo sie können. Nur bei uns hast Du keine Versicherung dabei, mit der Du Dich herumschlagen musst. Das ist der Vorteil!"
„Ach so, ja, das stimmt natürlich."
„Aber ich kann Dir eine Versicherung anbieten, wenn Du willst. Die ist ein Totalschutz gegen Kapitalausfall. Solltest Du Dir aber überlegen. Genauso gut könntest Du Dich gegen Haarausfall oder Winterwetter im März versichern. Ich habe einen besseren Deal für Dich: Du nimmst ein Darlehen auf, mit dem wir einen Drittelmix aus Fondsanlage, diversifizierten Wertpapieren und Tilgungsverrechnung bedienen. Und da gehen wir auch gleich hoch ran, ich denke mal mittlerer fünfstelliger Bereich. Da hast Du auch gleich die Versicherung mit dabei. Rundum-Sorglos-Paket nennt man das. Was hältst Du davon?"
„Abgemacht." Hubert schlug ein.
Bei Mick sah man nun direkt die Dollarzeichen in den Augen, während er Hubert ein Papier nach dem anderen zur Unterschrift vorlegte. Keine Frage – das Geschäft hatte sich gelohnt. Aus der ursprünglich zu kleinen Anlagesumme wurde ein Großauftrag für den Kapitalvermittler. Und Hubert unterzeichnete alles, was auf den Tisch kam. Er las es sich auch nur oberflächlich durch. Die Prozedur dauerte insgesamt gute zwei Stunden.
„Da haben Sie ja viel für mich gearbeitet", sagte Hubert abschließend und setzte einen anerkennenden Blick auf. „Bekommen Sie jetzt noch Geld von mir?", fragte er etwas verwirrt.
„Schon gut", erwiderte Mick. „Das ist mein Service für Dich. Weil ich es gut mit Dir meine. Was tut man nicht alles für den Kunden", sagte er und dabei lächelte er kalt. „Außerdem erhalte ich ja meine Provision. So... wir sind fertig."

Hubert erhob sich und setzte seinen Hut auf.
„Da haben wir wirklich etwas geschafft. Wie komme ich doch gleich zurück von hier…?"

Mick wandte sich ab und ging einige Schritte zurück.
„Ich muss zu meinem nächsten Termin."
Hubert drehte sich einige Male um die eigene Achse. In diesem Augenblick betrat eine Dame die Finanzagentur.
„Hubert!", rief sie mit empörter Stimme. „Du sollst doch das Haus nicht alleine verlassen. Schon gar nicht, ohne mir ein Wort zu sagen, wo Du hingehst. Ich habe Dich per Zufall durch das Ladenfenster gesehen. Was machst Du denn hier?"
Hubert blickte verstört zu Boden und murmelte etwas Unverständliches kleinlaut vor sich hin.
„Wer sind Sie? Was machen Sie mit ihm?", wandte sich die aufgebrachte Dame an Mick.
Der war etwas überrascht:
„Sorry...nun mal langsam. Das ist mein Kunde und wir haben hier ein Geschäft abgeschlossen. Jetzt sind wir fertig und wenn Du willst, dann bist Du dran."
„Was denn für ein Geschäft?" Die Dame war entsetzt. „Sie können mit Herrn Senfeisen keine Geschäfte abschließen! Herr Senfeisen ist dement und entmündigt. Er steht unter meiner Pflegschaft!"
Mick fiel alles aus dem Gesicht.
„Das ist nicht wahr. Du erzählst mir hier einen vom Pferd."
Doch die Dame zog eine Betreuungsvollmacht aus der Tasche und legte sie auf den Tisch.
Mick blickte kurz drauf, fluchte so etwas wie „fuck" vor sich hin und zerriss alle Dokumente, die er kurz zuvor fein säuberlich geordnet und abgeheftet hatte. Dabei goss er sich einen weiteren Gin-Tonic ein, den er hastig hinunterstürzte.

Die Dame hakte sich bei Hubert unter und sie verließen den Laden. Mick sah ihnen mit grimmiger Miene hinterher und nippte an einem weiteren Gin-Tonic.

„Was wolltest Du denn hier, Hubert?"

Hubert sah kleinlaut zu Boden:
„Das habe ich vergessen. Aber wir können ja jetzt Weihnachtsgeschenke kaufen gehen.“
Die Dame blickte in den strahlend blauen Junihimmel und sagte nur...
“Ja, Hubert.“

Die Gesundheitsversorgung auf der Kippe

Deutschland gehört zu den medizinisch gut versorgten Ländern. Und doch erleben wir seit Jahren eine permanente Ärzteknappheit. Fachärzte vergeben Termine nur noch mit einer Vorlaufzeit von mindestens einem halben Jahr. Selbst Privatpatienten kommen nicht früher zum Zuge. Die Fachärzte für Allgemeinmedizin lassen sich nicht mehr auf dem flachen Land nieder, sodass ein Praxissterben und eine Unterversorgung bereits heute sichtbare Realität werden. Selbst die Kontaktaufnahme zum gewünschten Arzt scheitert, weil in den Praxen die Telefone nicht mehr bedient werden. Um neue Ärzte zu gewinnen, soll das Medizinstudium künftig unter erleichterten Bedingungen möglich sein. Bis diese Maßnahme in der Zukunft greift, bleibt es bei der bestehenden Ärzteknappheit.

Wer kann, weicht daher auf Apotheken aus. Mehr denn je sind sie nicht mehr nur eine Anlaufstelle zum Einlösen ausgeschriebener Rezepte und zum Verkauf diverser Lifestyle-Medikamente. Vielmehr verfolgen sie bereits selbst einen Beratungsansatz ihrer Kundschaft gegenüber und erweitern auf diese Weise Stück für Stück ihre Geschäftsfelder. Und natürlich beantworten sie in diesem Zusammenhang die eine oder andere medizinische Frage, die der Patient vergessen hat, dem Arzt zu stellen. Damit helfen sie in gesundheitlichen Krisenzeiten dem suchenden Kunden, der eigentlich ein Patient ist, aus dessen Notlage. Geht das mal schief und verschlechtert sich das Krankheitsbild, so kann der Kunde immer noch zu einem Arzt gehen – vorausgesetzt, er bekommt einen Termin.

Vor diesem Hintergrund ereignete sich in einer mitteldeutschen Kleinstadt die nachfolgende Geschichte, die so typisch ist für die derzeitigen Probleme in der deutschen Gesundheitsversorgung. Auf einem zentralen Platz der Stadt befindet sich die Apotheke direkt unter der Arztpraxis eines niedergelassenen Facharztes für Allgemeinmedizin. Der alleinstehende Frührentner Willibald Perlebach, ein rüstiger Mann in den besten Jahren, betritt die Apotheke und reiht sich in die Besucherschlange ein. Willibald Perlebach führt seinen Haushalt noch selbst. Nicht leidenschaftlich, aber die notwendigen Handgriffe beherrscht er. Manchmal vergisst er etwas, aber im Großen und Ganzen ist er zumindest noch bedingt alltagstauglich.

Direkt hinter ihm reihte sich eine Dame in die Schlange ein.
„Haben Sie nicht eben auch noch beim Doktor gewartet?“, erkundigte sie sich bei Willibald.
„Ja, ja“, antwortete der. „Ich war ja bereits zweieinhalb Stunden da, mit Termin, aber der Doktor hatte noch die Patienten mit Termin von vorgestern zu behandeln. Und morgen wären erst die von gestern dran, also die von heute. Und dann kam ein Notfall. Man hat mir gesagt, wenn ich aber bis 21.30 Uhr in der Praxis warten könne, käme ich noch heute dran. Denn eventuell käme er noch einmal wieder. Da bin ich dann aber doch gegangen. Zu Hause fand ich noch ein nicht eingelöstes Rezept von vor zwei Monaten. Das habe ich jetzt mitgebracht.“
„Ach, wie ungünstig. Ich war gestern schon da, bin aber erst morgen dran“, erklärte ihm die Dame. „Vielleicht bekomme ich etwas ohne Rezept.“

Die Apotheke war bereits gut gefüllt. An den zwei offenen Verkaufsschaltern hatten sich längere Schlangen gebildet. Eine weitere Apothekenmitarbeiterin kam daher aus dem Labor in den Laden und eröffnete einen weiteren Schalter. Schnell gingen einige Kunden direkt dort hinüber.
Doch die Mitarbeiterin bremste die Menschenmenge aus, indem sie rief:
„Wer von Ihnen hat ein E-Rezept? Nur wenn Sie ein E-Rezept haben, können Sie zu mir kommen.“

Daraufhin reihten sich die meisten Kunden wieder in die andere Warteschlange ein.
Willibald ging zum neu eröffneten Schalter hinüber.
„Haben Sie ein E-Rezept?“, wollte die Mitarbeiterin wissen.
„Ja natürlich, ich bin hier, weil ich eh ein Rezept habe. Von vor zwei Monaten.“ Willibald schaute die Mitarbeiterin freundlich an, meinte das aber ernst und sagte seinen Namen.
„Wann haben Sie mir das E-Rezept zugesandt? Ich finde Sie nicht in meiner App. Sie müssen es vorher zugesandt haben.“
„Das weiß ich nicht mehr“, entgegnete Willibald etwas hilflos.
„Zeigen Sie mir doch mal Ihr Handy“, forderte sie Willibald auf.
Der zog sein Handy aus der Hosentasche und legte es auf den Tisch.
„Was ist denn das? Wo sind denn da die Apps? Marion, kennst Du Dich mit diesem Handy aus?“, wandte sie sich an ihre Kollegin.
Die schaute nur kurz drauf und sagte dann lachend:
„Vergiss es, das ist eines der ersten Handys, die auf den Markt gekommen sind. Damit kann man nur telefonieren, sonst nichts.“
„Mehr brauche ich auch nicht. Was soll man denn sonst damit machen?“ Willibald war verwirrt und wollte wieder gehen.
„Nun bleiben Sie schon hier. Was haben Sie denn für Wünsche?“
Willibald schaut sich etwas unsicher um, als befürchtete er von den anderen Kunden gehört zu werden.
„Ich habe immer so ein unangenehmes Aufstoßen, so säuerlich, wissen Sie…?!“
„Das kenne ich!“, meldete sich die Dame von vorhin aus dem Hintergrund. Sie sprach so laut, dass es alle anderen hören konnten.

Willibald schaute sich erneut um und lächelte unsicher.
„Das hing mit meiner Verstopfung zusammen. Dann ist das bei Ihnen sicher auch so. Haben Sie auch Reflux?“, fragte sie weiter.

Willibald war irritiert.
„Reflux? Nein, nein. Ich bin mit den neuen Sachen nicht so vertraut. Ich habe nur DSL."
Die Dame schüttelte den Kopf, ließ sich aber nicht abwimmeln.
„Ich kann Ihnen da eine Mischung empfehlen. Die nehme ich selbst immer. Aus Kurkuma, Morgentau, Glücksklee und geriebenem Nagelpilz. Hilft sofort."
Die Apothekerin, die das Gespräch zwischen der Dame und Willibald ungeduldig verfolgt hatte, wurde langsam etwas kribbelig.
„Würden Sie sich vielleicht draußen weiter unterhalten, dann kann ich inzwischen die anderen Kunden bedienen", entfuhr es ihr.
„Hier wurde man auch schon mal netter bedient", entgegnete die Dame etwas gereizt. „Es gibt ja auch noch andere Apotheken.", sagte sie und ging vor die Tür.
Willibald folgte ihr und sagte dabei:
„Wissen Sie, ich bin da etwas wählerisch bei den Hausmitteln. Gerade wenn man etwas mit dem Magen hat. Meine Tochter macht ja auch eine Ausbildung als Kräuter... ähm, wie heißt das … also mit Kräutermedizin. Na jedenfalls kennt sie sich damit aus. Die ist bei der Firma Jägermeister. Kennen Sie die Firma Jägermeister? Sie hatte mir mal davon etwas mitgebracht. Das habe ich auch schon versucht. Die kleinen Fläschchen haben aber keine Tropfenspender. Die muss man immer gleich austrinken. Nach der dritten Flasche ist mir dann schlecht geworden."
„Wissen Sie was? Ich wohne hier gleich um die Ecke und kann Ihnen ein Tonikum zubereiten. Sie können sich ja inzwischen mit Ihrem Rezept in der Apotheke noch einmal anstellen. Ich bin dann gleich zurück." Die Dame ging über die Straße.

Willibald schaute in die Apotheke. Die Warteschlange war noch etwas länger geworden. So entschloss er sich, noch einmal die Arztpraxis aufzusuchen. Vielleicht hatte sich dort in der

Zwischenzeit die Lage etwas entspannt.
Als er den Empfangsbereich betrat, blickte ihn eine Arzthelferin freundlich und vertraut an. Willibald lächelte zurück.
„Kommen Sie doch gleich mit, Herr Prössel!“, sagte sie.
Willibald Perlebach schaute irritiert, fand aber nicht gleich die richtigen Worte. Er war nicht Herr Prössel, aber die Chance, gleich behandelt zu werden, wollte er nutzen. Dieser Wunsch hemmte seinen Widerstand und so ging er mit.
Die Arzthelferin brachte ihn in ein Behandlungszimmer.
„Machen Sie sich doch schon mal bis auf die Unterhose frei. Sie kennen das ja“, sagte sie hastig und war schon wieder raus, denn der nächste Patient war ihr unmittelbar bis ins Zimmer gefolgt.
Willibald Perlebach war jetzt allein und fühlte sich etwas unsicher. Das Ultraschallgerät im Raum war eingeschaltet und offenbar sollte hier gleich anschließend eine Organuntersuchung durchgeführt werden. Ein paar Einmalhandschuhe lagen parat und ließen in ihm das Gefühl einer bevorstehenden Abtastuntersuchung der Prostata aufkommen.
Er verzog das Gesicht. Sein Blick schweifte durch den Raum und blieb bei einem kleinen Fläschchen hängen. Kurzerhand packte er seine Kleidung unter den Arm, nahm das Fläschchen mit und ging in der Eile durch die falsche Tür in einen Raum, der die Aufschrift „Nur für Personal“ trug.
Kurz darauf hörte er aus dem Nebenzimmer die Arzthelferin seinen Namen rufen – genaugenommen den Namen, für dessen Person sie ihn hielt – also Prössel.
„Nein, ich bin das nicht“, rief Willibald in die Richtung, aus der die Stimme der Arzthelferin kam, ohne dass ihm klar war, dass sie ihn wohl nicht hören konnte.

Wenige Momente später ertönte über die Mikrofonanlage der Aufruf:
„Herr Prössel, bitte Zimmer 3. Herr Prössel, bitte Zimmer 3.“
Ob sich nun der richtige Herr Prössel gemeldet hatte, bekam

Willibald nicht mehr mit. Er stand schließlich bereits in einem der Personalräume. Hier sah er am anderen Ende des Zimmers eine weitere Arzthelferin, die offensichtlich überhaupt nicht damit gerechnet hatte, nicht allein im Raum zu sein, ihn auch nicht bemerkte, denn sie zog sich gerade aus.
Willibald räusperte sich etwas gekünstelt, um auf sich aufmerksam zu machen.
Die Dame erschrak, drehte sich um und rannte aus dem Raum in Richtung Arztzimmer.
„Herr Doktor, Herr Doktor, dort ist jemand in unserer Personaldusche!“, rief sie völlig aufgelöst.
Der Doktor folgte ihr in den Raum, in dem sich Willibald aufhielt.
„Herr Perlebach, was machen Sie denn hier? Sie haben unserer Auszubildenden einen fürchterlichen Schrecken eingejagt.“, sagte der Doktor.
„Man hat mich verwechselt.“ gestand Willibald.
„Zeigen Sie mal“, sagte der Arzt und deutete auf das Fläschchen.
„Sie brauchen doch auch nicht dieses Warzentherapeutikum.“
Willibald schüttelte den Kopf.
Der Arzt legte ihm seine Hand auf die Schulter.
„Was machen Ihre Hämorrhoiden? Gehen Sie doch bitte in Zimmer 3. Ich komme dann gleich.“

Willibald begab sich also zurück zu Zimmer 3. Als er den Raum betrat, sah er allerdings, dass das Zimmer wieder besetzt war. Ein ihm fremder Mann lag unbekleidet auf der Behandlungs-Liege. Offensichtlich traf er nun auf den Patienten Herbert Prössel.
„Ach so...Sie sind ja jetzt hier...“, sagte Willibald kleinlaut.
„Ja, natürlich… Wo wollen Sie denn hin?“, gab der zurück.
„Schon gut, da hat sich wohl der Arzt in der Zimmernummer geirrt“, sagte Willibald und ging aus dem Raum auf den Gang. Sein Blick fiel auf das Nebenzimmer mit der Nr. 4. Die Tür stand

offen und niemand war drinnen. Willibald ging hinein und legte sich dort auf die Liege, um auf den Arzt zu warten. Doch der kam nicht. Minutenlang geschah nichts.
Willibald war mittlerweile etwas genervt von den Ereignissen und fühlte sich zunehmend erschöpft. Schweiß stand auf seiner Stirn. Er versuchte sich auf der Liege zu entspannen und atmete bewusst tief ein und aus. Seine Augen fielen ihm immer wieder zu und der Atem verflachte. Willibald war eingenickt. Im Halbschlaf nahm er wahr, dass jemand die Tür von außen schloss, ohne hineinzusehen. Dann fiel er in den Tiefschlaf.
Willibald träumte verrückte Sachen. Er sah die Dame aus der Apotheke, wie sie mit Teufelshörnern auf ihn zukam und ihm einen Cocktail mit den Worten reichte:
„Hier, das habe ich für Sie aus meinem Giftschrank gemixt. Trinken Sie!“
Willibald trank daraus und schüttelte sich. Die Dame strich ihm über das Resthaar und flüsterte, er müsse sich keine Sorgen machen. Das Warzentherapeutikum würde anfangs immer etwas bitter schmecken.
Willibald bekam einen Schreck und zuckte im Schlaf zusammen. Dadurch wachte er leicht schreckhaft wieder auf. Er wusste nicht, wie viel Zeit vergangen war. Einen Moment lang blieb er noch sichtbar benommen liegen, erst dann war er wieder richtig wach. Alles war still. Ungewohnt still für stets die belebte Arztpraxis.
Er öffnete die Tür zum Flur der Praxis und sah, wie eine Reinigungskraft den Fußboden wischte. Die Wanduhr im Flur zeigte 18:35 Uhr an. Die Praxis hatte somit seit einer Stunde und 35 Minuten geschlossen. Offensichtlich hatte ihn niemand mehr auf dem Zettel gehabt.
Leise schlich er sich über den Flur zum Ausgang. Auch die Apotheke war inzwischen geschlossen.
Auf dem Fußweg vor der Apotheke traf er die Dame wieder. Sie hielt einen Behälter in ihrer Hand.

„Wo bleiben Sie denn?“, rief sie ihm entgegen. „Ich habe für Sie etwas zusammengerührt. Das wird Ihnen helfen.“
Willibald erschrak und verdrehte die Augen.
„Bleiben Sie mir weg mit Ihrem Warzentherapeutikum. Das trinke ich nicht!“
Schnellen Schrittes entfernte er sich in die andere Richtung und ließ die verblüffte Dame grußlos zurück. Aus der Ferne hörte er nur noch, dass ihm die Dame nachrief, er solle sich mal von einem Psychiater behandeln lassen.
Willibald blieb stehen und rief zurück:
„Sie haben recht. Da war ich auch schon, aber der hat für mich keinen Termin mehr frei in diesem Jahr!“

Anrüchige Methoden bei der Personalaus-wahl

Zu den wichtigsten Problemen im Alltag gehört für viele die Suche nach dem richtigen Job. Ein Problem auch für die Arbeitgeber, denn auch sie sind ständig bemüht, qualifizierte und engagierte Mitarbeiter für sich zu gewinnen. Besonders die Besetzung attraktiver und höherwertiger Posten in Unternehmen erfordert eine sorgfältige Personalauswahl. Schließlich soll nicht nur der geeignete Bewerber gefunden werden, sondern das Unternehmen durch die neue Führungspersönlichkeit auch einen Schub erhalten, der alle gemeinsam voranbringt.
Um dies zu erlangen, bedienen sich immer öfter Unternehmen einer externen Beratung, die die Personalauswahl unter Berücksichtigung modernster arbeitspsychologischer und ökonomischer Auswahlmethoden in der Lage ist durchzuführen. Nur eine eigens dafür spezialisierte und topqualifizierte Unternehmensberatung oder Personalmarketingagentur garantiert Erfolg bei der schwierigen Suche nach dem Manager für die Zukunft. Schließlich haben sich auch die Untersuchungsmethoden stets verfeinert und optimiert.
So kann sich jedes mittelständische Unternehmen inzwischen sicher sein, dass eine extern begleitete Personalauswahl mit Hilfe modernster Testverfahren jenen hochqualifizierten Mitarbeiter findet, der Deutschland und seine Wirtschaft ein Stück weit stabilisiert und fortentwickelt.

Auf diesem fortschrittlichen Weg befindet sich auch die ortsansässige Firma für den Kanalbau und Kanalsanierung - Pullmann und Söhne, die eigens für die neu zu schaffende Stelle des Obersteigers im Bautrupp Kanalsanierung einen geeigneten Mitarbeiter sucht. Das Unternehmen ist in Nordrhein-Westfalen ansässig und arbeitet ausschließlich im regionalen Umfeld, hier aber bereits in der dritten Generation. Der Chef der Kanalbaufirma arbeitet noch selbst unter Tage mit und entschied sich daher, die schwierige Personalfindung in professionelle Hände zu legen.

Mit der Durchführung dieser Personalauswahl beauftragt ist das europaweit vernetzte Unternehmen „User Experience Personal Corporation Limited“, das eigentlich auf das mittlere bis gehobene Management spezialisiert ist, aber ungeachtet dieser Feinheit von dem Chef der Kanalbaufirma mit der Personalauswahl für sein Unternehmen beauftragt wurde. Dabei kam es jedoch zu einem Büroversehen. So wurde die Firma für Kanalbau und Kanalsanierung - Pullmann und Söhne - mit einer namensgleichen Aktiengesellschaft, der Pullmann AG, verwechselt. Die Mitarbeiter von „User Experience“ nahmen irrtümlicherweise an, es handele sich bei der Firma Pullmann und Söhne um den europaweit agierenden Röhrenhersteller, was nicht sofort bemerkt wurde. Doch dazu später mehr.

Noch ohne den Fehler zu bemerken, hatte die „User Experience“ für die Personalauswahl eigens ein Assessmentcenter im ortsansässigen Hotel „Zum Wilden Keiler“ vorbereitet und dort einen Saal gebucht. Um 9.00 Uhr an diesem Tag hatten die Mitarbeiter, die sich dem Personalauswahlverfahren stellen sollten, bereits Platz genommen. Die Mitarbeiter von „User Experience“ trafen soeben letzte Vorbereitungen. Sie waren dem bedeutenden Anlass entsprechend mit Anzug und Krawatte gekleidet. Ganz im Gegensatz zu dem Herrn, der in einem typischen Arbeitsanzug, auch „Blaumann“ genannt, in diesem Moment das Hotel betrat. Es war der Chef der Firma Pullmann und Söhne, der die Eröffnungsworte sprechen sollte.
Sein Weg von der Eingangstür bis zum Tagungsraum ließ sich deutlich nachverfolgen, denn er hatte neben seinem Arbeitsanzug auch Gummistiefel an, an denen frischer und noch feuchter Schlamm klebte. Auch der Arbeitsanzug selbst war mit einigen Schlammflecken durchsetzt. Offensichtlich kam er bereits von

einem Arbeitseinsatz im Kanal. Er zog kurz seine Handschuhe aus und begrüßte die etwas irritierten Mitarbeiter von „User Experience“ mit einem kräftigem Handschlag. Dabei sagte er jedes Mal „Heinz Pullmann, grüße Sie, ganz meinerseits.“ Dann setzte er sich auf einen Stuhl und hob zu seiner Rede an:

„Guten Tag meine Herren, entschuldigen Sie bitte mein etwas verspätetes Erscheinen. Sie wissen ja, die Geschäfte nehmen uns voll in Anspruch. Ich musste heute morgen selbst zu einem Notfall in den Kanal. Sie sitzen schließlich alle hier und das Leben im Kanal geht bekanntlich weiter. Ich wünsche Ihnen und uns ein gutes Gelingen und freue mich, dass wir die Firma… - er stockte - wie nennen Sie sich noch gleich…na ja, Sie wissen schon..., begrüßen können, die sich dieser verantwortungsvollen Aufgabe stellen wird. Dabei wünsche ich Ihnen eine glückliche Hand. Aber die werden sie haben. Ich habe Ihnen meine besten Leute geschickt. Insofern wird das nicht ganz einfach sein. Sie machen das schon. Glück auf. Ich muss dann wieder.“

Der Chef der Firma Pullmann warf den Mitarbeitern von „User Experience“ noch einen freundlichen Blick zu und verließ den Raum – allerdings nicht ohne eine zweite Reihe Spuren seiner Stiefel zu hinterlassen.
Die Mitarbeiterin an der Hotelrezeption verfolgte den Auftritt von Herrn Pullmann mit offenem Mund und kam direkt danach in den Tagungsraum. Sie war außer sich:
„Was ist denn das für eine Schweinerei hier? Wir haben extra vorher das Parkett gewischt! Wer macht denn das jetzt wieder weg?! Und lüften Sie mal hier! Das stinkt ja hier wie in einer Kloake!“
Offenbar hatte Herr Pullmann trotz seines nur kurzen Auftritts das Raumklima nachhaltig verändert.

Inmitten der sich breitmachenden Peinlichkeit ergriff schließlich der Chef der „User Experience“ das Wort – auch um die Situation zu überspielen.
„Meine sehr geehrten Damen und Herren, ich darf Sie herzlich im Namen der „User Experience“ zu unserem Assessment Center begrüßen. Sie sitzen hier, weil Sie sich alle für den Posten des Managers der Pullmann AG beworben haben …“ Er unterbrach, denn einer seiner Mitarbeiter räusperte sich lautstark und schüttelte energisch den Kopf.
Schließlich hob er die Hand, um zu intervenieren.
„Kanalsanierung...Obersteiger in der Kanalsanierung! Das ist die Firma Pullmann und Söhne aus der Kanalreinigung.“, flüsterte er in Richtung des Chefs.
Der Vortragende schaute irritiert und sagte schließlich, er habe den Zuruf seines Kollegen wohl nicht richtig verstanden, denn was er verstanden habe, sei „Analsanierung“.
Im Saal machte sich lautstarkes Gelächter breit. Hilflos schaute der Chef der „User Experience“ in die Runde seiner Mitarbeiter und entschied sich schließlich für eine kurze Unterbrechung.
„Wir unterbrechen kurz, Entschuldigung.“
Dann ging er zu seinen Mitarbeitern. Erneut machte sich leises Kichern breit, was die Verunsicherung erhöhte, denn der Chef konnte nicht erkennen, worüber die Anwesenden nun belustigt waren. Was er nicht sah: Er hatte sich auf den Stuhl gesetzt, auf dem vorher Herr Pullmann gesessen hatte und seine helle Anzughose war nun im Gesäßbereich braungrün angefeuchtet. Inzwischen hatten das auch alle mitbekommen.

Verzweifelt versuchte der Chef die Veranstaltung zu retten. Die Mitarbeiter des Personalauswahlunternehmens flüsterten sich in der Folge etwas zu und tauschten kurz darauf eine rote Mappe gegen eine blaue aus. Sie hatten nunmehr offenbar die Verwechslung erkannt und waren um Schadensbegrenzung bemüht. Man realisierte, dass es nicht um die Pullmann AG als

europaweit führenden Röhrenhersteller handelte, sondern um die namensgleiche Firma für Kanalsanierung.
Alle sahen ihre betroffenen Gesichter, die sich ratlos anschauten. Einige schüttelten ihre Köpfe.
Schließlich verständigte man sich auf eine kurze Pause. Ohnehin müsse noch gelüftet werden.

Während der Pause blätterten die Mitarbeiter der „User Experience“ eifrig in allen mitgebrachten Aufgabenmappen und tauschten eilig diverse Zettel aus. Dabei agierten sie hektisch und redeten durcheinander.
Nach 20 Minuten sollte nun endlich das Assessmentcenter beginnen - traditionell mit einer Vorstellungsrunde, bei der die Teilnehmer insbesondere darstellen sollten, warum gerade sie für den Posten des Obersteigers in der Kanalsanierung besonders geeignet seien.
Der Vorsitzende der Auswahlkommission forderte nun den ersten Teilnehmer auf, sich kurz vorzustellen. Als er sich erneut setzen wollte, zog ihm ein Kollege den Stuhl weg, sodass er stehen musste. Sie tauschten kurz Blicke aus, sagten aber nichts.

Es erhob sich als erstes der Steiger Alois Bruckmann.
„Ja, guten Morgen auch von mir. Ich heiße Alois Bruckmann, das wissen ja alle hier, und ich habe mich beworben, weil ich schon am längsten dabei bin.“ Er machte eine Pause. „Ja, und sonst … ich kann mir das gut vorstellen.“ Er schaute kurz nach links und rechts und nahm wieder Platz.
Der Vorsitzende musterte ihn mit ernstem Gesicht.
„Warum sind Sie Ihrer Meinung nach die beste Wahl für den ausgeschriebenen Arbeitsplatz?“
„Ja, also weil ich alles kenne hier. Ich habe noch mit dem Senior zusammengearbeitet…“
„Vielen Dank, Herr Bruckmann.“ Der Vorsitzende machte sich einige Notizen.

Nun erhob sich Steiger Willi Pirschke.
„Ich bin der Willi...also Willi Pirschke. Ich bin verheiratet und habe vier Kinder. Ja..., warum habe ich mich beworben... Ehrlich gesagt hat mich der Chef gefragt, ob ich mich nicht bewerben will.“ Willi schaute leicht verunsichert in die Runde von einem zum anderen, zuckte mit den Schultern und nahm wieder Platz. Die Damen und Herren der Auswahlkommission schauten sich etwas ratlos an, verzichteten aber auf Rückfragen.

Der nächste Bewerber erhob sich.
„Heinz-Dieter Krepel. Ich bin ledig und Single und hier aus`m Sauerland.“ Er machte eine längere Pause. „Ja nun, wenn so ein Arbeitsplatz ausgeschrieben wird, das nutzt man doch, oder…? Ich bin zwar noch nicht so lange dabei, aber ich könnte mir das auch vorstellen.“

Als Letzter in der Runde war nun Steiger Rüdiger Prönnecke dran.
„Angenehm...Prönnecke. Hab` schon einige Fortbildungen gemacht, aber es ist ja immer wieder was Neues. Und man kann ja immer was lernen… ja… Deshalb bin ich hier.“ Rüdiger Prönnecke nahm wieder Platz.
Der Vorsitzende hatte Nachfragebedarf.
„Herr Prönnecke, wir wollen hier einen Mitarbeiter für eine Vorarbeiterstelle in Ihrer Firma finden. Warum glauben Sie, dass Sie der geeignete Kandidat sind?“
Rüdiger Prönnecke stand wieder auf.
„Das ist doch gar keine Frage. Ich mache hier am meisten. Da können Sie den Chef fragen. Die anderen wissen das auch.“
Höhnisches Lachen ging durch die Reihen der Bewerber.

Nach dieser beeindruckenden Vorstellungsrunde sollte nunmehr in kleinen Rollenspielen das Verhalten der Bewerber in kritischen Situationen ergründet werden. Der Vorsitzende wandte

sich hierzu an den dienstältesten Bewerber Alois Bruckmann:
„Herr Bruckmann, zwei Ihrer Mitarbeiter haben einen Konflikt um die Ausführung eines Auftrags. Es kommt zum Streit. Wie reagieren Sie?"
Alois schüttelte den Kopf:
„Nee! Streit gibts bei mir nicht. Da können Sie einen drauf lassen. Wer nicht spurt, kriegt was hinter die Ohren. So einfach ist das!"
Der Vorsitzende nickte und machte sich einige Notizen. Schließlich wandte er sich an Heinz-Dieter:
„Herr Krepel, wie würden Sie den Konflikt lösen?"
„Ja, ich würd` mit denen reden." erwiderte Heinz-Dieter.
Daraufhin fiel ihm Alois ins Wort:
„Na, das ist ja typisch. Im Kanal, wo Du die Hand nicht vor Augen siehst, willst Du reden. So ein Quatsch!"
„Bitte lassen Sie Herrn Krepel ausreden", ermahnte ihn der Vorsitzende. Doch der Streit zog bereits auf.
„Im Gegensatz zu Dir kommen bei mir beide zu Wort", ließ ihn Heinz-Dieter auflaufen.
„Ja, bei Bier und Korn. Das schleppst Du doch immer aus dem Supermarkt ab. Und anschließend habt ihr ein Date, Du Schwuchtel! Wie letzte Woche." gab Alois zurück.
„Das gehört ja nun wirklich nicht hier hin!", meldete sich Rüdiger zu Wort.
„Du musst Dich gerade melden. Bist doch auch vom anderen Ufer", fuhr Alois ihn an.
„Na und?", rief Rüdiger erbost zurück. „Der hier – er zeigte mit dem Finger auf den Vorsitzenden der Kommission – war letzte Woche auch in dem Club bei uns im Viertel."
Der so plötzlich geoutete Vorsitzende der Auswahlkommission errötete sofort und erklärte das Rollenspiel für beendet. Man habe die nötigen Eindrücke gewonnen.

Nach einer weiteren Pause ging es abschließend in die

Einzelgespräche, an deren Ende der Vorsitzende dem jeweiligen Bewerber seine Einschätzung präsentieren wollte.
Als erstes ging Alois in das Einzelgespräch.
„Ja, Herr Bruckmann, Sie sind eigentlich unser Favorit“, eröffnete ihm der Vorsitzende. „Sie sind durchsetzungsstark, Sie sind...äh, auf jeden Fall können Sie sich durchsetzen.“
Alois nickte zufrieden. Mit breiter Brust ging er aus dem Zimmer.

Anschließend ging Willi hinein.
„Ja, Herr Pirschke, Sie sind eigentlich unser Favorit. Was sehr stark für Sie spricht, ist...ähm, Moment… ist Ihre soziale Kompetenz. Sie sind verheiratet und haben vier Kinder. Also da spricht viel für Sie.“
Auch Willi verließ zufrieden das Zimmer und glaubte, den Job bekommen zu haben.

Nun kam Heinz-Dieter.
„Herr Krepel, nehmen Sie Platz. Sie haben uns überzeugt und ich denke, Sie sind unser Favorit. Sie … äh… kommen ja aus dem Sauerland. Also das haben Sie den anderen voraus. Lokalkolorit gewissermaßen. Da wird sicher kein Weg an Ihnen vorbeiführen.“
Heinz-Dieter begab sich ebenfalls in dem Bewusstsein, den Job erhalten zu haben, aus dem Zimmer.

Als Letzter ging Rüdiger in das Einzelgespräch.
Der Vorsitzende empfing ihn gleich mit den Worten
„Rüdiger, musste das sein, dass Du mich hier vor versammelter Mannschaft outest?“
Rüdiger machte eine abwertende Handbewegung und zuckte mit den Schultern.
„Ich habe sowieso nicht verstanden, was die Kasperei hier soll. Der Chef hätte mir den Posten auch gleich so geben können. Ich

mache schließlich am meisten in der Firma. Das wissen auch alle."
„Keine Frage", bestätigte der Vorsitzende. „Bei uns bist Du auch der klare Favorit. Das werden wir so kommunizieren."
„Okay. War es das?", fragte Rüdiger zurück.
„Ja", bestätigte der Vorsitzende. „Bist Du dann am Donnerstag wieder im Club."
„Ich denke schon," lächelte Rüdiger süffisant.

Als er zurück auf den Flur kam, wurde er Zeuge einer lautstarken Auseinandersetzung, die sich um die Frage drehte, wer von den Bewerbern den besten Eindruck hinterlassen hatte. Jeder der drei anderen sah sich klar im Vorteil und sie stritten darüber. Wortlos ging Rüdiger an ihnen vorbei und verließ das Hotel. Das Personalauswahlverfahren war beendet.

Eine Woche später bekam die Firma Pullmann und Söhne Post von der Geschäftsleitung der „User Experience Personal Corporation Limited" über die Ergebnisse des Personalauswahlverfahrens. In dem Schreiben stand unter anderem „... müssen wir Ihnen leider mitteilen, dass wir keinen der Bewerber für die Stelle des Obersteigers in der Kanalsanierung als geeignet ansehen. Zwar konnte der Bewerber Rüdiger Prönnecke nach dem Votum des Vorsitzenden der Auswahlkommission unter anderem im persönlichen Gespräch überzeugen. Das reichte jedoch einer Mehrheit der Auswahlkommission nicht, um ihn für diese Führungsfunktion gegenüber den anderen Bewerbern herauszuheben und letztlich zu empfehlen. Es stünde der Firma Pullmann und Söhne natürlich frei, den Ihrer Meinung nach fachlich geeignetsten Bewerber zu befördern. Die Defizite in der Persönlichkeit seien allerdings bei allen Bewerbern evident. Aus Gründen des Datenschutzes sei hier aber auf Einzelheiten nicht einzugehen.
Die Auswahlkommission empfehle daher eine externe

Ausschreibung und ein neues Bewerbungsverfahren."

Der Chef der Firma Pullmann und Söhne ernannte daraufhin Willi Pirschke, der sich nur beworben hatte, weil der Chef ihn dazu aufgefordert hatte, zum neuen Obersteiger. Seine Kollegen aus der Bewerberrunde konnten mit dieser Entscheidung nicht gut umgehen.
Der Steiger Alois Bruckmann, der durch sein aggressives Verhalten aufgefallen war, fing in der Firma tags darauf eine Schlägerei im Kollegenkreis an und wurde anschließend fristlos entlassen.
Sein Kollege Heinz-Dieter Krepel fiel kurz darauf ebenfalls in Ungnade, weil er gegen die Regeln über Alkoholgenuss während der Arbeitszeit verstoßen hatte.
Heinz-Dieter gab anlässlich seines Geburtstages eine Runde Bier aus, vergaß aber, dazu die Lage Korn zu bestellen. Da bereits der Seniorchef seinerzeit die Regel aufgestellt hatte, nach der Bier nur gemeinsam mit Korn getrunken werden dürfe, hatte sich Heinz-Dieter einer schweren Verhaltenspflichtverletzung schuldig gemacht und wurde deshalb auch gekündigt.
Rüdiger Prönnecke verließ wenig später aus eigenem Antrieb die Firma und arbeitet heute als Kellner in einem Club, der einen etwas zwielichtigen Ruf genießt. Hier hatte er auch den Vorsitzenden der Auswahlkommission kennengelernt. Inzwischen hat Rüdiger den Kontakt zu ihm aber abgebrochen.

Im Ergebnis hatte die Firma Pullmann und Söhne einen neuen Obersteiger gewonnen, aber drei ihrer Mitarbeiter verloren. Deshalb schrieb man umgehend die freigewordenen Stellen in der Tageszeitung neu aus. Angesichts der Beliebtheit der Firma gingen bis letzte Woche 12 Bewerbungen ein. Der Chef der Firma Pullmann und Söhne entschied daraufhin, die Personalauswahl wegen der guten Erfahrungen erneut von „User Experience Personal Corporation Limited" durchführen zu lassen.

Verkehrssicherheit ist das A und O

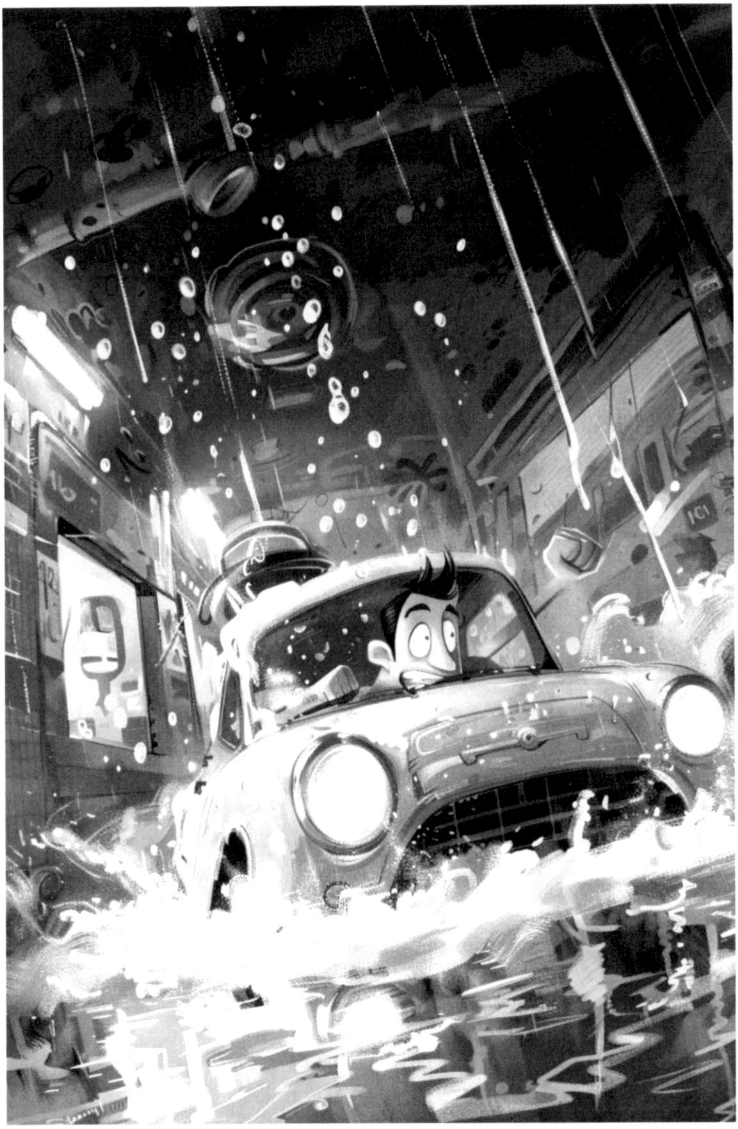

In der Autowaschanlage

Die wichtigsten Dinge im Leben eines Mannes, der richtig gepolt ist, sind Fußballtermine, genug Bier im Kühlschrank und die regelmäßige Wäsche des Autos. Gerade Letzteres war bei mir irgendwie auf der Strecke geblieben.

Wir hatten es Mitte März. Es gab erst noch Frost, dann so richtiges Schmuddelwetter. Der Frühling wollte noch nicht so recht kommen. Seit Wochen fahre ich mit meinem bei dieser Witterung verdreckten Auto durch die Gegend. Nahezu jeden Tag hatte ich mir vorgenommen, es zu waschen, aber bin irgendwie immer wieder davon abgekommen.
Morgen nun würde eine wichtige Präsentation stattfinden, die ich im Kollegenkreis halten sollte und bei der wir uns alle mit dem Auto auf einem Hotelparkplatz treffen wollten. Mir war klar, in diesem dreckigen Zustand kann ich mit meinen Wagen dort keinesfalls vorfahren. Was sollten denn die Kollegen denken?! Es half nichts. Ich musste noch heute in die Waschanlage. Aber der Tag war irgendwie nicht mein Freund. Telefonate und Besprechungen hielten mich bis in die Abendstunden ab. Erst um 19.55 Uhr konnte ich endlich Feierabend machen. Wie lange haben eigentlich die Autowaschanlagen auf, schoss es mir in den Kopf? Schnell gecheckt. - Okay...bis 22 Uhr. Da war noch Luft. Und der Magen meldete sich mit einem Knurren. Essen war erst mal wichtiger.
Ich fuhr in die neue Burger-Bar unserer City und bestellte mir einen Cheeseburger mit extra Käse und Bacon. Auch ein Bier gönnte ich mir. Das Essen selbst dauerte etwas länger als erwartet, da der Burger mit dem vielen Käse eine zügige Nahrungsaufnahme doch arg behinderte. Das eine oder andere Telefonat wegen der morgigen Präsentation tat ihr übriges und ehe ich mich versah, war es 21:38 Uhr. Ich zahlte und machte mich zügig auf den Weg zur Autowaschanlage.

Um 22:04 Uhr fuhr ich mit quietschenden Reifen bei der Tankstelle mit Autowaschanlage vor.
„Na, Sie haben aber Glück, dass ich noch da bin!“, rief mir der Tankstellenbetreiber entgegen.
„Kann ich noch schnell durch die Waschstraße fahren?“, fragte ich.
Er nickte und ich gab ihm 20 Euro.
„Stimmt so…!“
„Ich lasse Sie noch durchfahren und mache schon mal meinen Laden dicht. Das Tor schließt anschließend automatisch.“
„Na dann...schönen Abend noch...“, rief ich und fuhr in die Waschstraße ein.

Das Förderband lief an und ich lehnte mich entspannt zurück. Der Wagen fuhr ein Stück und stoppte dann. Kurz darauf lief das Band weiter. Ich sah noch, wie das Licht im Haupthaus der Tankstelle ausging, ... als es kurz darauf plötzlich einige Male ruckte und das Förderband der Waschanlage ins Stottern geriet. Es schüttelte mich regelrecht durch. Erst dachte ich mir nichts dabei, dann aber sah ich mich unsicher um.
Es verging etwa eine weitere Minute, bis das Ruckeln immer weniger wurde und das Förderband plötzlich stehenblieb. Mitten auf der Waschstraße. War das eine Panne? Auch der Wasserstrahl nahm immer mehr ab und tröpfelte schließlich nur noch vor sich hin. Kurz danach ging das Licht in der Waschanlage aus. Ich saß völlig im Dunkeln. Ein Stromausfall in der Autowaschanlage, überlegte ich? Oder hatte der Tankwart versehentlich auch mir den Saft abgedreht. Ich konnte ihn nicht mehr fragen, er war bereits weg.

Zunächst wartete ich einige Zeit. Vielleicht würde die Anlage ja wieder anspringen. Aber nein, sie tat es nicht.
Nach weiteren zehn Minuten entschloss ich mich auszusteigen. Ich ging ein paar Schritte durch die Pfützen in der Waschstraße

zum Ausgang und betätigte den Türgriff. Die Tür war verriegelt. Deutlich nervös eilte ich auf die gegenüberliegende Seite zum Eingang. Aber auch dort war die Tür verschlossen. Kein Zweifel, ich saß fest.
Okay, was nun? Ich griff automatisch zu meinem Handy. Aber was war das? Kein Empfang? Was soll das denn? Wieso habe ich in einer Autowaschanlage keinen Empfang?
Jetzt bekam ich doch langsam Panik.
Ich ging durch die Anlage und klopfte an die Fensterfront. Erst leicht, dann heftiger. Aber es war still und dunkel in der Umgebung. Niemand schien mich zu hören.
Das konnte nicht wahr sein. Ich musste nachdenken und ging zurück ins Auto.
Auf den naheliegenden Gedanken, meine Autohupe zu betätigen, kam ich in diesem Moment nicht. Viel zu sehr lenkte mich mein empfangsgestörtes Handy ab. Ich fummelte an den Einstellungen herum, hatte aber keinen Erfolg damit.
Inzwischen war es 23.30 Uhr. Der anstrengende Tag hatte seine Spuren hinterlassen. Ich war müde. Noch einmal wollte ich nachdenken, stellte mir den Autositz etwas bequemer auf die Liegeposition ein und lehnte mich zurück. Danach fehlte mir ein ganzes Stück Erinnerung, denn ich musste kurz darauf eingenickt sein.

Was mich wieder abrupt weckte, war ein Quietschton und ein Scheppern. Beides musste von der Waschanlage gekommen sein. Ich war wie benommen, noch verschlafen, und mir war kalt. Um mich herum weiterhin alles dunkel. Mein Handy zeigte 3.15 Uhr an.
Noch ehe ich richtig wach war, ruckte der Wagen, das Licht hellte wie durch Zauberhand die Waschanlage auf und das Förderband lief wieder an. Sofort spritzte Wasser aus den Düsen und der Waschvorgang setzte sich plötzlich fort. Ich hatte schlecht geträumt, aber das hier war wieder die Wirklichkeit. Der

Stromausfall war offensichtlich beendet und die Anlage machte da weiter, wo sie aufgehört hatte.
So langsam kam die Erinnerung zurück.
Der Waschvorgang lief nun bis zum Ende durch. Ich war erleichtert. Noch während der Trocknung öffnete sich das Tor der Ausfahrt. Ich wartete die Trocknung nicht ab und fuhr schleunigst raus.
Die Freiheit hatte mich zurück.
Langsam fuhr ich den nassen Wagen raus auf den Parkplatz der Waschanlage. Das Tor schloss sich hinter mir und die Waschanlage war wieder betriebsbereit. Mitten in der Nacht.

Egal. Ich hatte nur einen Gedanken: Jetzt schnell nach Hause.
Aber ich kam nicht weit. An der nächsten Ecke stoppte mich überraschend eine Polizeistreife. Auch das noch!
Die Polizisten begrüßten mich mit einem knappen „Guten Morgen“ und verlangten meine Fahrzeugpapiere und den Personalausweis.
Während ich noch danach suchte, fragte mich einer der beiden Streifenbeamten, warum mein Auto nass sei. Es habe nicht geregnet.
„Ich...äh...komme gerade aus der Waschanlage“, entgegnete ich.
„Um 3.30 Uhr?“, fragte der Polizist ungläubig zurück und sah mich prüfend an.
„Äh … ja …“ Was sollte ich auch sonst sagen?!
„Die Anlage ist um diese Zeit geschlossen.“
„Nein …“, erwiderte ich. „Sie ist in Betrieb.“
Der Polizist sah mich prüfend an.
„Haben Sie Alkohol getrunken oder Drogen genommen?“
Ich verneinte.
In diesem Augenblick trat der andere Polizist hinzu und erklärte, es gebe gerade eine Nachricht aus der Zentrale über einen Einbruch in die nahe gelegene Autowaschanlage. Ein Anwohner habe verdächtige Geräusche und Personen bemerkt und sich an

die Polizei gewandt.
„Sind Sie in die Autowaschanlage eingebrochen?", fragte mich der Polizist.
„Nein …", entgegnete ich unbeirrt. „Ich bin ausgebrochen!"
„Wie bitte?" Der Polizist sah mich fragend an. „Das hätte ich mir gern mal näher angesehen. Folgen Sie mir bitte mit Ihrem Fahrzeug zur Waschanlage."
Gesagt – getan. Wir fuhren die 50 Meter zur Tankstelle und stiegen aus.

„Mach doch mit ihm erst mal einen Alko-Test", forderte nun der andere Polizist von seinem Kollegen und wandte sich wieder mir zu. „Sind Sie einverstanden?"
„Ja, aber darf ich mal eben ans Handy, es klingelt? Das ist meine Frau. … Ja, Schatz, ich bin aufgehalten worden. In der Waschanlage … Wieso…? Natürlich in der Waschanlage. Nein … ich bin nicht betrunken! … Aufgelegt. Sie hat einfach wieder aufgelegt. Moment, … das klärt sich gleich auf. Da hinten kommt der Betreiber der Tankstelle."

Und der war ziemlich aufgebracht:
„Ich bin mitten in der Nacht von einem Nachbarn angerufen worden, dass jemand in meine Tankstelle eingebrochen wäre", gab er sogleich zu Protokoll.
„Moment …", rief ich dazwischen, „...nicht in die Tankstelle, sondern in die Autowaschanlage. Aber ich bin auch nicht eingebrochen, Sie haben mich ja reingelassen, aber nicht mehr rausgelassen!"
Der Betreiber der Tankstelle protestierte und erklärte, das sei doch alles Quatsch. Vielleicht gab es ja einen Defekt durch unsachgemäße Nutzung.
Ich soll die Anlage unsachgemäß genutzt haben? Das wiederum konnte ich so nicht stehenlassen.
Ein Wort gab das andere.

Schließlich wurde es einem der beiden Polizisten zu bunt.
„Schauen wir doch mal, ob die Anlage wirklich defekt ist oder ob hier eine strafbare Handlung vorliegt“, erklärte er und stieg in den Polizeiwagen. Sein Kollege sah ihn verdutzt an.
„Ich fahre da jetzt durch.“
Sprach's und gab Gas.

Während der Morgen so langsam dämmerte und sich die ersten Passanten als Zuschauer eingefunden hatten, denn das Spektakel lief einigermaßen lautstark ab, fuhr das Polizeifahrzeug auf das Förderband der Waschanlage.
Nach den ersten Metern lief die Waschanlage normal an. In der Mitte der Waschstraße ruckte es plötzlich auf dem Förderband. Das Licht flackerte und nach einigen lauten Quietsch- und Scheppertönen blieb der Polizeiwagen stehen und das Licht ging aus. Alles wie bei mir.

Dem anderen Polizisten blieb vor Erstaunen der Mund offen. „Jetzt holen Sie mal meinen Kollegen da wieder raus“, forderte er den Betreiber der Tankstelle auf.
„Das geht nicht …“, rief der nach kurzer Prüfung der Stromversorgung. „Die Sicherung fliegt immer wieder raus.“
„Ja, dann öffnen Sie doch die Tür!“
„Die Türen sind speziell gesichert. Ohne Stromversorgung gehen die auch nicht auf.“
„Das kann doch nicht wahr sein …“, empörte sich der Polizist. „Dann rufen Sie bitte die Feuerwehr!“

Inzwischen spielte die Autowaschanlage komplett verrückt. Das Licht ging an und aus wie bei einer Lichtorgel. Dazu quietschte und schepperte es mit einem alles durchdringenden, penetranten Dauerton, der in der Nachbarschaft die Nachtruhe für alle abrupt beendet hatte. Die anwesenden Zuschauer schüttelten sich vor Lachen angesichts des hilflosen Polizeifahrzeugs.

Inmitten diesem Chaos suchte ich nun die Flucht nach vorn. „Kann ich jetzt nach Hause?", erkundigte ich mich vorsichtig beim sichtlich immer nervöseren Polizisten. Doch der nahm das gar nicht so richtig wahr, denn auch der Tankstellenbetreiber redete auf ihn ein, während beide den „Tatort" mit einem Streifenband einzäunten. Sie brüllten sich nur noch an, um sich gegenseitig bei dem Höllenlärm der Anlage überhaupt verständigen zu können.

Ich entschied, nicht länger zu warten. Mein Moment war gekommen. Ich nutzte das Durcheinander, bahnte mir einen Weg durch die Zuschauer und stieg in mein Auto. Leise und unbemerkt fuhr ich vom Grundstück.

Dabei musste ich mir mühsam einen Weg bahnen, denn die eintretende Dämmerung und der damit beginnende Berufsverkehr und die heftige Geräuschkulisse hatte immer mehr Passanten angelockt. Sichtlich verwundert starrten sie auf die Autowaschanlage, die augenscheinlich ohne technische Hilfe nicht mehr zu kontrollieren war.

Alle Blicke richteten sich auf den überforderten und wild gestikulierenden Polizisten und dessen Kollegen in der Waschanlage, der wohl noch nie so viel fotografiert worden war wie in diesem Moment. Beide wirkten hilflos und hatten deutliche Schweißflecken unter dem Arm.

Daher war ich der Meinung, dass mich keiner mehr auf dem Zettel hatte und fuhr nach Hause.

Ich verbrachte den angebrochenen Tag mit meiner Präsentation im Kollegenkreis. Es lief mehr schlecht als recht. Ich versuchte, mir nicht anmerken zu lassen, was für eine Nacht ich hinter mir hatte, und machte drei Kreuze, als der Feierabend endlich erreicht war.

Am darauffolgenden Tag schlug ich die Tageszeitung auf.

In großen Buchstaben stand dort auf der ersten Seite des Regionalteils:

„Polizei fährt mit Streifenwagen nachts zum Waschen in eine Autowaschanlage."

Weiter hieß es dort:

„Der Streifenwagen der Polizei blieb während des Waschvorgangs in der Autowaschanlage stecken. Offenbar lag ein Defekt vor. Unter den Augen von etwa 100 Schaulustigen gelang es der Feuerwehr am Morgen gegen 8.30 Uhr, den Streifenwagen wieder aus der Waschanlage herauszuholen. Die anwesenden Passanten genossen das Schauspiel sichtbar und klatschten abschließend Beifall. Es stellte sich heraus, dass die Autowaschstraße längere Zeit nicht mehr technisch gewartet wurde, wie ein herbeigeholter TÜV-Sachverständiger erklärte. Hierfür droht dem Betreiber eine Strafanzeige.

Warum die Polizei trotzdem ihr Fahrzeug dort deutlich nach Mitternacht zum Waschen eingefahren hatte, ist der Redaktion nicht bekannt.
Aber auch die Polizeibesatzung des Streifenwagens wird sich einem internen Ermittlungsverfahren stellen müssen, in dem ihr seltsames und polizeitaktisch untypisches und unangemessenes Einsatzverhalten überprüft werden soll.

Ein Polizeisprecher erklärte ergänzend dazu, man suche noch nach Zeugen, die Auskunft über ein Fahrzeug geben können, das zuvor die Waschanlage lt. Aussage der Polizei deutlich außerhalb der Öffnungszeiten benutzt haben soll."

Nachdem ich das gelesen hatte, wurde mir heiß und kalt und ich meldete mich für den heutigen Tag krank. Weiter beschloss ich, mein Auto sofort zu wechseln. Die Zeitung warf ich sofort in die Mülltonne, damit sie meine Frau nicht lesen konnte.

Busfahren

Busfahren ist heutzutage nicht mehr nur der unpersönliche Transfer von einem Ort zu einem anderen, sondern ein Ort der Begegnung und des entspannten Reisens. Im optimalen Fall bekommt man die Gelegenheit, angeregte Gespräche zu führen und knüpft neue Bekanntschaften. Ein Grund mehr, warum viele das Busfahren dem Individualverkehr vorziehen, so auch im folgenden Beispielfall.

Die Buslinie 66 des öffentlichen Personennahverkehrs einer Kleinstadt nähert sich ihrer ersten Haltestelle. Horst Schwalbe, ein Herr in den besten Jahren, bleibt vor der geöffneten Tür stehen und hebt seinen Hut zum Gruß.
„Wollen Sie nicht reinkommen?“, erkundigt sich der Busfahrer.
„Entschuldigen Sie, Schwalbe mein Name. Angenehm. Fahren Sie zum Opernplatz?“
Der Busfahrer denkt kurz nach und antwortet mit einiger Verzögerung:
„Nicht direkt.“
„Ja, was nun? Fahren Sie dahin oder nicht?“
„Ich fahre bis zur Ecke Finkendorfer Straße, von da aus ist es nicht weit. Oder Sie fahren bis zur Lofotenstraße und steigen in die 38 bis zum Ostdorfer Kreuz und steigen dann in die 92. Die fährt direkt dorthin.“
Horst Schwalbe zögert einen Moment und denkt nach.
„Sie können auch mit der 14 zum Bahnhof und von dort über die 15, 16 oder 17 bis zur 92, dann brauchen Sie nicht in die 38.“
Horst zögert immer noch, während sich hinter ihm bereits eine Schlange weiterer Fahrgäste gebildet hatte.
„Was machen Sie denn da? Wollen Sie nun mitfahren oder nicht?“, rief einer der wartenden Männer in der Schlange.
„Moment, ich schreibe mir nur kurz die Verbindungen auf“, entgegnete Horst.

„Kommen Sie doch erst mal rein, damit wir weiter können“, meldete sich nun der Busfahrer, etwas ungeduldig. „Sie können auch noch über die Pferdeweide in die 92. Da fahre ich direkt hin.“
Horst stieg nun ein und hinter ihm die anderen Fahrgäste.
Der Bus setzte sich wieder in Bewegung, während sich Horst einen Platz suchte. Sein Blick fiel auf einen Sitzplatz neben einer Dame mittleren Alters.
„Ist bei Ihnen noch frei?“
Die Dame nickte etwas gequält und rutschte von ihrer mittigen Sitzposition in die Ecke ans Fenster.
Horst nahm Platz und sah sie kurz an:
„Schwalbe mein Name. Angenehm. Ich fahre nicht so oft mit dem Bus, müssen Sie wissen. Eigentlich fährt mich ja der Robert überall hin, aber der hat heute einen Termin. Nachher holt mich die Nicole ab. Das ist meine Nichte. Ich habe hier ein Bild von ihr im Portemonnaie. Schauen Sie mal ...“
Die Dame atmete schwer.
„Verzeihen Sie, aber das interessiert mich nicht.“
„Ach … ich kann es Ihnen auch gar nicht zeigen. Das Bild ist in dem anderen Portemonnaie. Mein Fehler. Hier habe ich nur das Bild von dem Robert ...“
„Nein, danke“, antwortete die Dame, inzwischen sichtbar genervt.

Der Bus hatte die nächste Haltestelle erreicht. Neben einigen neuen Fahrgästen stieg ein Kontrolleur zu und wandte sich sogleich an die Fahrgäste.
„Die Fahrausweise bitte!“
Die Dame zog eine Monatskarte aus der Tasche und hielt sie dem Kontrolleur entgegen. Dieser nickte kurz und sah zu Horst herüber.
„Moment, ich habe sie gleich, muss nur das Bild von der Nicole wieder einstecken“, sagte er und wühlte mit den Händen in

seinen Hosentaschen. Dabei musste er seinen Körper leicht verrenken und kam durch diese Aktion der Dame neben ihm körperlich etwas näher, als es ihr lieb war. Sie zuckte zusammen.
„Können Sie vielleicht aufstehen, während Sie in Ihren Taschen suchen!“, forderte sie ihn entnervt auf.
„Ach so ... natürlich. Halten Sie doch eben mal die Nicole ...“
Horst erhob sich und kehrte das Tascheninnere nach außen. Einige benutzte Taschentücher fielen bei dieser Gelegenheit auf den Boden.
„Halt … ich habe ein Loch in der Tasche. Sehen Sie nur!“, rief er dem Kontrolleur zu. „Ich muss die Fahrkarte direkt verloren haben.“
Der Kontrolleur setzte eine ernste Miene auf und atmete tief ein.
„Sehen Sie doch bitte noch einmal genau nach.“
Horst öffnete jetzt seinen Hosengürtel und anschließend den Reißverschluss. Die Dame wich erschrocken zurück.
„Sie wollen sich jetzt nicht die Hose ausziehen?“, fragte sie mit einer Mischung aus Irritation und Entsetzen.
„Ich muss da sichergehen“, erwiderte Horst und hob zur Bekräftigung seinen rechten Zeigefinger. Dann zog er seine Hose herunter.
„Es kann sein, dass die Fahrkarte nach unten gerutscht ist.“
„Aber wohin denn …?!“ Seine Sitznachbarin war empört.
Eine weitere Dame näherte sich.
„Was machen Sie denn da?“, fragte sie, während sie sich an Horst langsam vorbeischlängelte.
„Macht er das für Sie?“, fragte sie den Kontrolleur.
Der schaute etwas verdutzt, errötete leicht, blieb aber ernst und bemerkte in amtlichem Ton:
„Wie der Herr schon sagte: Wir müssen da sichergehen.“
Horst hatte sich inzwischen seiner Hose vollständig entledigt und durchwühlte die umgeschlagenen Hosenbeine sowie noch einmal alle Hosentaschen, als sich der Fahrer meldete: „Nächste Pferdeweide! Hier müssen Sie aussteigen.“

Horst hielt kurz inne und ging dann den Gang entlang zum Ausstieg, ohne seine Hose wieder angezogen zu haben.
Der Kontrolleur folgte ihm eilig.
„Entschuldigung, ich muss noch Ihre Fahrkarte sehen."
„Ich suche ja noch", rief Horst ihm entgegen. „Sonst müssen Sie mitkommen ..." Die Blicke der beiden trafen sich für einen Moment.

Der Bus hielt an und Horst stieg einfach aus. Seine Hose trug er über dem Arm. Der Kontrolleur zögerte einen Moment, blickte sich im Bus um und stieg im letzten Moment mit aus. Die sich schließende Klapptür streifte ihn noch am Arm.

Horst suchte nun an der Bushaltestelle weiter nach seiner Fahrkarte, argwöhnisch beobachtet von dem neben ihm stehenden Kontrolleur.
„Das ist ja nett, dass Sie so viel Geduld haben. Sie kann mir nur in die Schuhe gerutscht sein."
„Ziehen Sie die Schuhe doch mal aus!", forderte ihn der Kontrolleur auf.

Während die beiden an der Bushaltestelle standen, gingen etliche Passanten vorbei. Eine Frau kam mit einem kleinen Kind an der Hand.
„Mama, was macht der Onkel da?", wollte das Kind wissen.
„Die beiden sind ein Paar, ganz normal", antwortete die Mutter.
Als sie aneinander vorbeigingen, zischte sie Horst an:
„Sie sollten sich etwas schämen! Hier auf der Straße vor aller Augen."
„Der Herr sucht seine Fahrkarte", erklärte der Kontrolleur.
Die Frau reagierte nicht mehr darauf und sagte stattdessen zu ihrem Kind:
„Schau da nicht so hin!"

Horst hatte inzwischen seine Hose und seine Schuhe ausgezogen und sein Hemd aufgeknöpft. Ein Unterhemd trug er nicht.
Etwas ratlos sah er den Kontrolleur an.
„Ich vermute, ich habe meine Fahrkarte im Bus verloren. Was machen wir jetzt?"
Der Kontrolleur nickte verständnisvoll und überlegte einen Moment. Dabei sah er den halbnackten Horst von oben bis unten an.
„Eigentlich müsste ich jetzt eine Anzeige schreiben."
„Lässt sich das irgendwie vermeiden?", fragte Horst kleinlaut.
Der Kontrolleur überlegte erneut, sah eine Weile in Horsts Gesicht und sagte dann:
„Wir könnten auch was trinken gehen und dann zu mir ..."
„Wie bitte?!"
„Ja, oder wir essen hinterher etwas."

Die Buslinie 66 fuhr auf ihrem Rückweg an zwei Männern vorbei, die händchenhaltend die Straße entlanggingen. Der eine trug seine Hose über dem Arm und der andere war als Kontrolleur der Verkehrsbetriebe in Dienstkleidung unterwegs.
Der Busfahrer grüßte den Kontrolleur im Vorbeifahren. Man kannte sich.
Der Kontrolleur hatte inzwischen Feierabend gemacht.

Wiederkehrende Führerscheinprüfung für ältere Verkehrsteilnehmer

Wie lange haben Sie bereits Ihren Führerschein? Würden Sie die Fahrprüfung heute noch bestehen oder haben Sie alles vergessen? Und wie ist es mit der Theorie?

Deutschland diskutiert schon lange darüber, ob der Führerschein weiterhin auf Lebenszeit gelten soll. Immer wieder werden dazu Bedenken gegen die älteren Verkehrsteilnehmer vorgebracht. Umgekehrt gelten ältere Führerscheininhaber als routiniert und erfahren. Sie sind meist defensive Autofahrer, häufig schon deshalb, weil sie nach dem Einsteigen vergessen haben, wohin sie fahren wollen und einfach wieder aussteigen. Ob ältere Menschen ihren Führerschein abgeben sollten, ist in der Bevölkerung umstritten.
Schon lange gibt es den Vorschlag, ab dem 75. Lebensjahr sollte eine Testpflicht einsetzen oder aber der Führerschein an Gültigkeit verlieren. Da die nachfolgenden Generationen immer älter werden, könnte die Altersgrenze jedoch irgendwann bei 120 liegen.

Der Bundesverkehrsminister hat nun eine Testreihe gestartet, um dem Problem zu begegnen. Sie ermöglicht es jedem älteren Autofahrer, sein immer noch vorhandenes Wissen zu überprüfen. Gleichzeitig wird erwogen, eine Fahrtauglichkeitsprüfung schon dann vorzuschreiben, wenn mit dem Einkaufswagen im Supermarkt gegen das Rechtsfahrgebot verstoßen wird oder es beim Rasenmähen zu einem Zusammenstoß mit einem Baum kommt.

Hier nun die ersten Testfragen aus dem brandneuen, soeben vom Bundesverkehrsministerium veröffentlichten Prüfungskatalog:

Frage 1: Was können ältere Autofahrer gegen das Nachlassen der Sehfähigkeit, des Gehörs und der Reaktionsfähigkeit tun?

A) Das Auto stehenlassen.
B) Ich kann die Frage nicht lesen!
C) Wie bitte?
D) Ich nehme immer meinen Neffen mit. Der sagt mir während der Fahrt, was ich wissen muss.

Der Fachmann rät: Wenn Sie keinen Neffen haben – lassen Sie das Auto stehen! Ansonsten ist es wie mit Ihrem Auto. Wenn etwas kaputt ist, brauchen Sie Ersatzteile. Zu Risiken und Nebenwirkungen fragen Sie Ihren Arzt oder die Kfz.-Werkstatt Ihres Vertrauens.

Frage 2: Sie stehen mit Ihrem Fahrzeug an der Ampel. Die Ampel schaltet von Rot auf Rot + Gelb. Wie verhalten Sie sich?

A) Ich lege die Tageszeitung beiseite.
B) Ich steige wieder ein.
C) Ich suche den ersten Gang. Vorhin war er noch da.

Der Fachmann rät: Richtig ist C): Suchen Sie den ersten Gang! Die Tageszeitung dürfen Sie weiterlesen.

Frage 3: Sie werden auf der Landstraße von einem Fahrzeug mit Tempo 140 überholt. Wie verhalten Sie sich?

A) Das lasse ich mir nicht gefallen. Ich verständige die Polizei.
B) Ich gehe davon aus, dass der Raser Gas und Bremse miteinander verwechselt hat und vergewissere mich, ob sie bei mir an der richtigen Stelle sind.
C) Ich versuche, mich dem Tempo des Vorausfahrenden anzupassen, um den Verkehrsfluss zu garantieren.

Der Fachmann rät: Stellen Sie Ihr Hörgerät auf laut, damit Sie den Knall nicht verpassen.

Frage 4: Sie gelangen an eine Kreuzung ohne Lichtzeichenanlage und ohne Verkehrszeichen. Wer hat Vorfahrt?

A) Das teuerste Fahrzeug.
B) Wer zuerst fährt.
C) Wer nach rechts möchte.
D) Es ist Verhandlungssache.

Der Fachmann rät: Verhandeln kann nicht schaden. Sie können aber auch umdrehen, wenn Sie sich partout nicht einigen können. Vermeiden Sie generell Kreuzungen.

Frage 5: Sie fahren auf einer beengten und unübersichtlichen Straße. Links und rechts parken Fahrzeuge. Womit müssen Sie rechnen?

A) Ich rechne mit der Geschwindigkeit, teile sie durch zwei und ziehe bei Regen noch einmal 10 ab.
B) Dass Kinder zwischen den Fahrzeugen auftauchen können.
C) Dass Sie beim Vorbeifahren etwas bei Bofrost bestellen können.

Der Fachmann rät: Alle Antworten sind richtig. Falls Sie eine Lücke finden, parken Sie ein. Es könnte die letzte sein.

Frage 6: Sie durchqueren einen Tunnel. Wodurch kann Ihre Aufmerksamkeit plötzlich beeinträchtigt und Sie abgelenkt werden?

A) Durch WhatsApp.
B) Durch Polarlichter.
C) Durch Anhalter, die hier übernachtet haben.

Der Fachmann rät: Ihr Navigationsgerät könnte im Tunnel keinen Empfang haben. Fahren Sie daher immer geradeaus und nehmen Sie keine Abbiegung.

Frage 7: Sie fahren auf einen unbeschrankten Bahnübergang zu. Wie verhalten Sie sich?

A) Ich warte, bis der nächste Zug durchgefahren ist.
B) Ich kehre um und wähle eine andere Strecke.
C) Ich checke kurz den Fahrplan der Bahn, berechne die übliche Verspätung und entscheide dann über meine Weiterfahrt.

Der Fachmann rät: Betätigen Sie bereits 100 Meter vor dem Bahnübergang Ihre Hupe im Dauerton, damit der Zug vor Ihrer Ankunft rechtzeitig gewarnt wird. Sie können alternativ auch umkehren.

Frage 8: Sie werden Zeuge eines Verkehrsunfalls. Was leisten Sie im Rahmen Ihrer „Ersten Hilfe"?

A) Ich stelle etwa 200 Meter vor der Unfallstelle mehrere Warnwesten auf und ziehe mir das Warndreieck an.
B) Ich ordere den Pizza-Bringdienst, da es länger dauern könnte.
C) Ich versorge die Schaulustigen mit aktuellen Informationen zur Lage.

Der Fachmann rät: Leisten Sie „Erste Hilfe" nur, wenn man nicht anschließend Ihnen helfen muss.

Frage 9: Sie fahren mit Ihrem Pkw in den Urlaub. Worauf müssen Sie bei der Gepäcksicherung achten?

A) Im Schlauchboot auf dem Dachgepäckträger darf höchstens eine Person mitfahren.
B) Wenn Ihr Reiseproviant eine starke Duftnote entfaltet,

legen Sie ihn auch besser in das Schlauchboot nach draußen.

C) Auf die Hutablage gehören nur Hüte ohne die Hutträger sowie Klopapierrollen.

Der Fachmann rät: Packen Sie die schweren Gepäckteile immer ganz nach unten. Das gilt auch für übergewichtige Mitfahrer.

Frage 10: Ihr Auto ist mit Sicherheitsgurten ausgestattet. Sollten Sie bereits länger als 50 Jahre Auto fahren, kennen Sie es auch ohne die Gurte. Wofür sind die Sicherheitsgurte im Auto eigentlich gedacht?

A) Wenn die Hose rutscht und ich keinen Gürtel dabei habe.
B) Für Fesselspiele.
C) Zur Gepäcksicherung.

Der Fachmann rät: Prüfen Sie unbedingt vor dem Anlegen des Sicherheitsgurtes, wie Sie ihn wieder aufbekommen.

Frage 11: Der Konsum und Anbau von Cannabis ist in Deutschland legalisiert. Welche Einschränkungen müssen Sie dennoch beim Autofahren beachten?

A) Sie dürfen im Auto nicht mehr als drei Pflanzen anbauen.
B) Beim Rauchen im Auto ist offenes Feuer zu vermeiden.
C) Wenn Sie Cannabis im Auto verkaufen, fallen in Deutschland 19 % Mehrwertsteuer an.

Frage 12: Sie kommen an ein Verkehrszeichen, das Sie nicht kennen. Wie verhalten Sie sich?

A) Ich kehre um und fahre einen anderen Weg.
B) Hier hat sich offenbar einen Spaß gemacht. Das Verkehrszeichen muss nicht beachtet werden.

C) Ich entferne das Verkehrszeichen, damit andere Verkehrsteilnehmer nicht irritiert werden.

Der Fachmann rät: Verkehrszeichen, die Sie nicht kennen, sind offensichtlich Fakes und können ignoriert werden. Geben Sie eine Mitteilung an das Verkehrsstudio Ihres Radiosenders, damit andere Autofahrer rechtzeitig gewarnt werden können.

Die Deutsche Bahn wird attraktiver

Die Deutsche Bahn ist ein Sorgenkind der Verkehrspolitik in der Bundesrepublik Deutschland. Hochdefizitär, rekordverspätet, häufig mit verunreinigten Toiletten unterwegs und mit mangelndem Service ist sie nicht die gewünschte Alternative zum Individualverkehr. Angesichts der vielen Pannen und der negativen Presse setzt die Deutsche Bahn jetzt auf neue Attraktionen rund um das Bahnfahren und hat hierfür bereits einige Routen im Angebot.

Zwei Herren im gesetzten Alter wollen sich das nicht entgehen lassen und betreten nacheinander einen ICE.
„Entschuldigen Sie bitte ... ist hier noch frei?“
„Ja, bitteschön.“
„Vielen Dank. Ich bin so lange nicht mehr mit der Deutschen Bahn gefahren, ist richtig aufregend. Und ich bin so gespannt auf die angekündigte Attraktivitätssteigerung im Service ...“
„Da erwarten Sie mal nicht so viel. Die Fahrkartenbeschaffung hat mir schon gereicht.“
„Gut, es ist ein bisschen komplizierter geworden ... Also ich habe jetzt das >>Happy Lucky Afternoon Ticket<< gewählt, mit Shopping-Einladung.“
„Soso ... wenn Sie meinen. Ich habe das Homeoffice-Ticket.“
„Ach ... ist ja aufregend ... wie geht das denn?“
„Na, Sie dürfen immer fahren, wenn Sie nicht gerade im Homeoffice sitzen.“
„Das ist ja praktisch!“
„Nur auf den ersten Blick. Wenn Ihnen der Arbeitgeber das Homeoffice dichtmacht, verliert auch das Ticket seine Gültigkeit und Sie kriegen nichts wieder.“
„Hm ...“

In diesem Augenblick unterbricht eine Durchsage das Gespräch

der beiden:
„Sehr geehrte Fahrgäste, wir begrüßen Sie an Bord des Sonderzuges „Deutsche Bahn, Deine Erlebniswelt." Sie finden hier unter anderem einen Spielsalon, in dem Sie neben den erlaubten auch die verbotenen Glücksspiele vorfinden. Vor unserem Bordbistro haben wir eine Shopping-Meile eingerichtet. Sie erstreckt sich in umgekehrter Wagenreihung der Wagen 18 bis 14. Direkt davor erwartet Sie der Frisörsalon Methusalem mit einem 20 % Rabatt für alle Fahrgäste ab 95 Jahren. - Außerdem für alle unsere Inhaber des Sauna-Tickets: Sie können ab sofort einchecken. Die Sauna hat die gewünschte Temperatur von 90 Grad Celsius erreicht. Beachten Sie bitte, dass Sie die Sauna nur an Bahnhöfen verlassen können und nicht, wenn der Zug gerade fährt. Ich wünsche Ihnen eine gute Fahrt."

„Es wird ja wirklich etwas geboten. Kein Wunder, dass die Leute gern wieder Bahn fahren."
„Hören Sie doch auf. Die alten Probleme sind doch nicht ansatzweise gelöst. Ich wollte gerade noch mal auf die Toilette, aber die ersten fünf WCs waren alle außer Betrieb."
„Versuchen Sie es doch mal in der Sauna?"
„Gute Idee!"

In diesem Augenblick ertönt eine weitere Durchsage:
„Verehrte Fahrgäste, wir bedauern Ihnen mitteilen zu müssen, dass einige Toiletten derzeit nicht benutzt werden können, weil die zentrale Wasserzufuhr nicht funktioniert. Wir bitten Sie daher, auf die überschwemmten Toiletten auszuweichen. Vielen Dank für Ihr Verständnis."

„Ich glaube, ich gehe erst mal zum Shopping. Das lenkt mich etwas ab. Ach … da kommt gerade der Schaffner."
„Guten Tag, die Fahrausweise bitte! Dankeschön ..."
Der Schaffner zögert.

„Ist irgendetwas nicht in Ordnung?“, fragt der ältere Herr.

„Na ja … Sie haben das >>Happy Lucky Afternoon Ticket<< gewählt, mit Shopping-Einladung.“

„Genau.“

„Das gilt für den Afternoon, also ab 16 Uhr. Und Sie sind um 15:20 Uhr eingestiegen.“

Der ältere Herr ist verwirrt.

„Ja ..., aber an Wochenenden ist der Afternoon doch bereits ab 15 Uhr, habe ich gelesen.“

„Moment, ich schaue gerade eben nach … Das gilt nur in Monaten mit maximal 30 Tagen. Der Oktober hat aber 31 Tage. Haben Sie denn nicht die Beförderungsbedingungen gelesen? Das steht extra hervorgehoben auf Seite 147 der Anlage zu Ihrem Ticket.“

„Was machen wir denn jetzt?“, fragte der ältere Herr kleinlaut.

„Sie gelten jetzt als normaler Fahrgast ohne Shopping-Bonus und müssen in der 2. Klasse Platz nehmen. Außerdem sind Sie bei der Benutzung unserer Toiletten nicht automatisch versichert.“

„Das würde ich mir aber überlegen“, mischte sich der andere Herr ein.

In diesem Augenblick ertönt eine weitere Durchsage:

„Sehr geehrte Fahrgäste, bitte beachten Sie, dass wir Beschwerden über den hygienischen Zustand unserer Toiletten bereits seit einigen Jahren nicht mehr entgegennehmen. Halten Sie bitte bei Benutzung Ihre Versicherungspolice bereit und wenden Sie sich direkt an Ihre Versicherung. Sie finden die Versicherungsbüros in den Wagen 23 – 29.“

„Also dann löse ich nach ...“, entschied der ältere Herr.

„Bitte berechnen Sie mir doch gleich die Wellness-Karte „all inclusive“, aber ohne Toiletten.“

„Bitte schön.“

„Eine Frage noch, Herr Schaffner ... Warum stehen wir eigentlich mitten auf der Strecke?“
„Ja, schauen Sie doch mal raus. Dort ist das schöne Steinhuder Meer und die Damen und Herren, die dort gerade im Meer eine Abkühlung nehmen, das sind unsere Saunagäste. In 10 Minuten geht mein Kollege raus und trommelt die alle wieder zusammen.“
„Das nenne ich Service!“, zeigt sich der ältere Herr begeistert.

In diesem Augenblick ertönt eine weitere Durchsage:
„Verehrte Fahrgäste, alle Inhaber der „all inclusive Bahncard Plus“ können ab jetzt Ihre Überraschung in Empfang nehmen. Es erwarten Sie im Wagen 13 gut gelaunte Mitarbeiter der Hasseröder Brauerei aus Wernigerode und laden Sie zu einer kleinen Brauereibesichtigung in das eingerichtete Braustüberl ein. Sie finden den Wagen 13 in umgekehrter Umkehrung unserer Wagenreihung, direkt neben dem Schlafwagen. Beachten Sie bitte, dass etwaige Schlafplätze für hinterher vor Beginn der Brauereibesichtigung gebucht werden müssen. Die Deutsche Bahn wünscht Ihnen angenehme Unterhaltung und Wohlsein!“

„Das ist ja enorm, was hier alles geboten wird. Haben Sie das gewusst?“
„Ja, ich hatte das von meinem Schwager gehört. Der hat auch daran teilgenommen. Er kam dann aber erst zwei Tage später wieder aus dem Urlaub zurück. Außerdem funktionierten da auch die Toiletten schon nicht.“
„Wo fahren Sie eigentlich hin?“
„Das weiß ich noch nicht. Nachher ist eine Urlaubsverlosung. Das erfahre ich dann erst.“
„Ach sooo … Das ist ja interessant. Na ja, ich schaue mal nach den Toiletten.“ Der ältere Herr stand auf und machte sich auf die Suche, kam aber nicht direkt zurück.

Nach einer geraumen Zeit ertönte eine weitere Durchsage: „Verehrte Fahrgäste, ein älterer Fahrgast, der leider seinen Namen nicht mehr nennen kann, möchte aus dem Brauereistübchen im Wagen 13 abgeholt werden. Vermissen Sie einen Angehörigen, so begeben Sie sich bitte direkt dorthin."

Der andere der beiden Herren überlegt. Sein Gegenüber ist bereits einige Zeit verschwunden. Er begibt sich in Richtung Brauereistübchen. Kurz davor begegnen ihm einige sichtbar angetrunkene jüngere Leute.
„Entschuldigung, wir suchen noch jemanden zum Kleiderpoker … haben Sie gerade Zeit …?"
Ohne sich um dieses Angebot zu kümmern, ging der ältere Herr an ihnen vorbei in Richtung Brauereistübchen. Doch er kam über Wagen 12 nicht hinaus, denn der Zug war dort überraschend zu Ende. In seiner Verwirrtheit rief er einen Schaffner herbei und zeigte ihm seine Beobachtung. Der Schaffner ergriff darauf sein Telefon und verständigte den Lokführer. Dieser hielt kurz an … und plötzlich fuhr der Zug rückwärts.

Folgende Durchsage ertönte:
„Verehrte Fahrgäste, wie wir soeben bemerken mussten, hat sich der hintere Teil unseres Zuges ab Wagen 13 abgekoppelt. Wir gehen von einem technischen Versehen aus, für das wir Sie um Verzeihung bitten. Aktuell fahren wir jetzt zurück und werden den hinteren Teil des Zuges wieder aufnehmen. Als kleine Wiedergutmachung bringt Ihnen unser Bordservice auf Wunsch Kaffee oder andere kalte Getränke, selbstverständlich auf Kosten der Deutschen Bahn."

Nachdem diese Aktion durchgeführt worden war, nahm der Zug seine ursprüngliche Fahrt wieder auf und erreichte schließlich mit einer Verspätung von 1 Stunde und 56 Minuten sein Fahrziel. Dem Schaffner war in seiner finalen Durchsage eine deutliche

Erleichterung anzumerken:
„Verehrte Fahrgäste, in wenigen Minuten erreichen wir den Hauptbahnhof in München. Unsere Verspätung beträgt 1 Stunde und 56 Minuten und Sie erreichen wie immer keine Ihrer geplanten Anschlussverbindungen. Die Verspätung bitten wir zu entschuldigen, möchten aber darauf hinweisen, dass der Durchschnitt der Verspätungen unserer Fernzüge inzwischen über 2 Stunden beträgt. Insofern sind wir früher als erwartet angekommen.
Wir wünschen Ihnen alles Gute und Glück bei der Suche nach der nächsten pünktlichen Bahnverbindung. Das Team der Deutschen Bahn verabschiedet sich von Ihnen und freut sich über eine positive Bewertung auf unserer Homepage. Sollten Sie direkt auch an unserer Rückfahrt teilnehmen, haben wir ein besonderes Bonbon vorbereitet: Unser Heizer räuchert im Wagen vier frische Makrelen über offenem Feuer. Lassen Sie sich das nicht entgehen. Da der Wind heute aus unserer Gegenrichtung kommt, bitten wir die Fahrgäste der hinter der Räucherei liegenden Wagen, ihre Fenster zu schließen und die Lüftung auf Stufe 10 zu stellen.

Ladies and Gentlemen, we are sorry not to tell you dasselbe in Englisch, because unser Englisch is not so good. Our German is much better. Thank you for travelling with Deutsche Bahn."

Es stellte sich heraus, dass der verlorengegangene Reisende tatsächlich im Braustübchen an einem lustigen Trinkspiel teilgenommen hatte. Dank seines zwischenzeitlich erworbenen „All inclusive-Tickets" bekam er einen Platz im Schlafwagen und wird – wenn er nicht rechtzeitig wieder aufwacht – die nächste Fahrt erneut mitmachen. Zwangsläufig ...

Feierlichkeiten

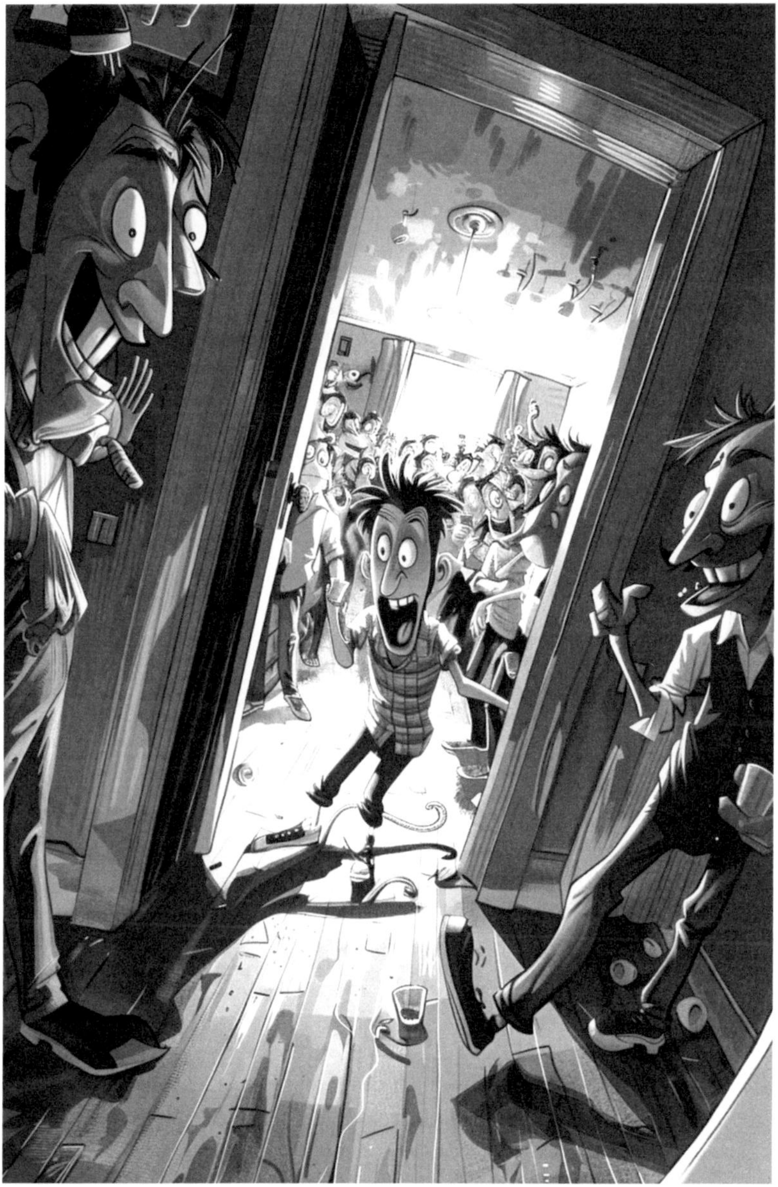

Geburtstag – wer kommt, der kommt

Mit den Geburtstagen halten wir es wie wir wollen. Die einen feiern ihn groß, die anderen wollen sich lieber verkriechen. Die Gründe dafür sind sehr vielschichtig. Ich selbst mag es dieses Jahr nicht so üppig. Mit Schrecken habe ich schon die ganze Woche über auf den Kalender geschaut. Mein Geburtstag stand bevor. Am Samstag würde es sein. Ich hatte ganz bewusst niemandem Bescheid gesagt. Nach einer Geburtstagsfeier war mir nicht, so kurz nach der Trennung von Lizzy. Eigentlich wollte ich überhaupt keine Leute um mich haben. Ruhe ... einfach mal Ruhe ... das wärs. Klar, ein paar Anrufe würden sicherlich kommen, aber die ließen sich auch relativ schnell abbügeln.

Nachdem ich meine letzte Beziehung beendet hatte, verlor ich nicht nur meine Partnerin, sondern auch fast meinen gesamten Freundeskreis, mit dem wir immer gefeiert hatten. Wie so oft teilt man sich auf. Mein Anteil war überschaubar. Wahre Freunde sind nicht so häufig. Die beste Gelegenheit also, den Geburtstag zu verschweigen. Früher sagte man, wer kommt, der kommt. Einverstanden. Da konnte nicht viel passieren. Wer sollte schon kommen?! Und was wäre die Alternative? Weggehen? Wollte ich auch nicht. Für das Abendessen plante ich mit einer Linsensuppe von gestern, die als Rest im Topf auf dem Herd stand. Das sollte mir reichen.

Samstag früh, 8 Uhr. Ich wurde wach. Erst jetzt. Normalerweise stehe ich um die Zeit schon mit meinem ersten Kaffee in der Küche. Aber ich hatte wohl verschlafen. Was mich weckte, war die Türklingel. Um diese Zeit. Im Morgenmantel und ohne im Bad gewesen zu sein, öffnete ich die Tür. Dort standen drei Männer. Einer von ihnen blies mir auf einer Kindertröte mit voller Kraft einen schrillen Ton direkt ins Gesicht.
Gleich darauf stimmten drei verstimmte Stimmen ein sehr

gewöhnungsbedürftiges „Happy Birthday to you …!“ an. Danach riefen sie gemeinsam: „Üüüüberrraschunnng!“ Puuhhh! Es waren meine alten Skatbrüder, die sich da zusammengefunden hatten. Das war nun wirklich eine Überraschung, denn wir hatten die Runde bereits vor längerer Zeit aufgelöst. Ehe ich mich versah, hatte ich ein Glas mitgebrachten, lauwarmen Sekt in der Hand.
Schnell bat ich sie in die Wohnung, denn aus dem Geschoss über mir rief jemand „Ruhe!“. Das war ja nun wirklich eine Überraschung.

Noch bevor ich sagen konnte, dass ich auf Besuch eigentlich gar nicht und vor allem nicht um diese Zeit vorbereitet war, überreichten sie mir ihr Mitbringsel. Es war eine sogenannte Kleinigkeit. Eine nett verpackte Flasche Duschgel „Haut und Haar“. Etwas Praktisches wäre es, sagten sie. - Okay, Haare hatte ich nicht mehr viel, aber sei es drum.
„Ich müsste nur mal eben kurz ins Bad“, ließ ich wissen.
„Lass Dir Zeit…“, riefen mir meine Gäste zu und öffneten eine weitere mitgebrachte Flasche Aperol-Spritz, fertig gemischt.

Schnell erledigte ich meine Morgentoilette und überlegte mir, dass es zwar ein netter Zug von ihnen war, mich derart zu überfallen, ich andererseits sie aber auch gern schnell wieder loswerden würde. Die passende Ausrede hatte ich mir zurechtgelegt. Aber mein Plan ging nicht auf. Als ich aus dem Bad zurückkehrte, hatte sich die Gruppe auf fünf Personen vergrößert. Meine direkten Nachbarn erklärten mir, sie hätten Stimmen gehört und meine Haustür sei offen gewesen. Da hätten sie mal nach dem Rechten sehen wollen. Sie hatten auch bereits ein Glas lauwarmen Sekt in der Hand.

Ich konnte darauf nichts erwidern, denn nun klingelte auch noch das Telefon. Es war meine Ex. Lizzy. Im ersten Augenblick

dachte ich, sie würde mir gratulieren wollen, ...aber nein, das tat sie bewusst nicht. Aus Rache, nahm ich an. Sie wäre zufällig in der Gegend und würde ihre Mikrowelle abholen wollen, die noch bei mir stände. Ich sollte mich darauf einstellen.
„Wann denn?“, fragte ich.
„Irgendwann im Laufe des Tages, wenn Du zu Hause bist …“
Noch ehe ich antworten konnte, hatte sie wieder aufgelegt.

In diesem Augenblick kam meine Nachbarin auf mich zu. Wenn wir hier schon mitfeierten, dann solle ich doch auch eine Kleinigkeit geschenkt bekommen. Sie überreichte mir einen notdürftig verpackten Gegenstand. Es war … eine Flasche Duschgel „Haut und Haar“. Auf nüchternen Magen trank ich ein Glas lauwarmen Sekt mit.
Erneut klingelte es an der Tür. Ein weiterer Gratulant? Nein ... es war der Schornsteinfeger. Er bat um Entschuldigung. Er sei in dieser Woche zwar noch nicht dran, aber zufällig gerade in der Gegend – ob er kurz die Feuerungsanlage in Augenschein nehmen könne. Selbstverständlich nur, wenn es passt.
„Klar passt es“, riefen meine angeheiterten Skatbrüder aus dem Hintergrund. Und hintendran „Was nicht passt, wird passend gemacht.“ Alle lachten.
Der Schornsteinfeger trat ein. Ob er letztlich die Heizungsanlage geprüft hatte, ist mir auch einige Tage später nicht klar gewesen, denn wenige Augenblicke später hatte er bereits ein Glas Aperol-Spritz – fertig gemixt – in der Hand. Er sollte nachher auch einer der letzten sein, die spät nachts wieder nach Hause gingen.

Mit dieser unerwarteten Gästerunde völlig überfordert, stellte ich etwas unsicher ein paar Knabbereien auf den Tisch, die ich in der hintersten Ecke des Vorratsschranks finden konnte.
Als ich mich wieder umsah, stand Heinz, ein alter Kumpel aus Kindertagen, in der Tür. Wie sich herausstellte, hatten die Skatbrüder ihn angerufen. Was für eine Überraschung! Er gab zu,

meinen Geburtstag eigentlich nicht auf dem Schirm gehabt zu haben, aber nun sei er da. Er überreichte mir ein kleines Geschenk mit den Worten „kann man immer gebrauchen“. Es war … eine Flasche Duschgel „Haut und Haar“. Ich bedankte mich ordentlich, erkundigte mich vorsichtig, ob er einen Kaufbeleg dabei hatte ... für den etwaigen Umtausch. Ich bin am Körper etwas empfindlich und vertrage nicht jedes Duschgel, log ich. Er sagte zu, den Beleg die Tage vorbeizubringen.

Inzwischen war die Mittagszeit angebrochen, 12 Uhr vorbei. Ich hatte Handlungsbedarf.
„Habt ihr etwas Hunger?“, fragte ich die zusammengewürfelte Feiergemeinschaft. Einhellige Zustimmung, wie auch nicht anders zu erwarten, denn sie hatten bereits einige Drinks genommen.
Ich begab mich in die Küche, ein bisschen ratlos, denn ich hatte nichts eingekauft und der Kühlschrank war – wie bei den meisten Singles – relativ leer. Ich rührte ein paar Eier in der Pfanne und opferte mein einziges Toastbrot. Das Ganze dekorierte ich mit Cornichons, von denen ich einen Rest fand und weil es so wenig war, legte ich eine Dose Heringsfilets in Tomatensoße dazu. - Zugegeben, eine bunte Mischung, die ich ihnen nun verkaufen musste.
Heinz fragte auch gleich etwas skeptisch, was das denn sei.
„Kennt ihr Labskaus?“, rief ich in die Runde und schon machten sich einige heißhungrig darüber her.

Erst dachte ich, der Alkohol hatte mir schon zugesetzt und ich sehe doppelt, aber nein. Zu meinem Entsetzen hatten sich neue Gäste eingefunden. Zwei weitere Nachbarn waren inzwischen unter ihnen sowie ein Mann, den ich gar nicht kannte. Mir blieb aber keine Zeit, ihn zu fragen. Die Nachbarn hatten Blumen mitgebracht. Außerdem … hübsch verpackt ... ich dachte nein, lass es nicht schon wieder ..., aber zu spät ... eine Flasche Duschgel

„Haut und Haar“.
„Die ist drüben bei Lidl im Angebot“, rief einer meiner Skatbrüder.

Damit nicht genug. In diesem Augenblick erschien meine Ex. Ihr Blick war wie versteinert.
„Na, hast Du Dir zum Geburtstag Deine Saufbrüder eingeladen?“, fragte sie ungeniert.
Noch ehe ich antworten konnte, hatte sie die Mikrowelle unter dem Arm und wollte damit die Wohnung verlassen.
„Halt, das geht nicht….“, rief Heinz dazwischen. Doch zu spät. Es kleckerte aus der Öffnung der Mikrowelle.
„Was ist das für eine Schweinerei?“, rief Lizzy.
Heinz hatte sich meine Linsensuppe aufwärmen wollen, weil ihm mein Labskaus offenbar nicht schmeckte.
„Die Linsensuppe gehört uns“, protestierte ein sichtbar angetrunkener Skatbruder.
Wieder Gelächter.
Lizzy nahm die Suppe aus der Mikrowelle raus – respektive das, was davon übrig war, und ging zur Wohnungstür.
„Übrigens…“, rief sie, ohne sich umzudrehen, „...Du hast bei mir auch noch einige Sachen stehen, die habe ich Dir mitgebracht. Stehen hier an der Tür.“
„Was meinst Du genau?“, fragte ich zurück.
„Deine Kosmetika aus dem Bad. Deine Zahnbürste und ein Duschgel!“
„Für Haut und Haar?“
„Genau.“
„Ah … gut, das äh ... habe ich schon vermisst.

In diesem Moment erklang eine Stimme aus dem Treppenhaus durch die immer noch offene Wohnungstür:
„Entschuldigung, da parkt jemand von Ihrer Feier auf meinem Parkplatz“, rief mir plötzlich die ältere Dame von unten zu.

Ich ging nach unten. Dort stand mein Arbeitskollege Harald mit seinem Auto tatsächlich auf dem Anwohnerparkplatz.
„Alles Gute zum Geburtstag, Alter…“, rief er mir zu. „Steig ein und Du bist in Kürze bei Deinem Geschenk.“
Noch ehe ich darüber nachdenken konnte, ob das jetzt wohl eine gute Idee war, saß ich bei ihm im Auto. Unter Hinweis auf meine Gästerunde bat ich ihn, mit mir jetzt nicht so lange wegzufahren.

Es war gegen 16 Uhr, als ich das Haus nach einem kleinen Imbiss einschließlich Umtrunk wieder betrat. Bereits unten im Treppenhaus hörte man Stimmen, Gelächter und laute Musik aus der oberen Etage. Dort angekommen ging ich durch die offene Wohnungstür. Aus meinem Wohnzimmer ertönten eine Reihe bekanntester Ballermann-Hits. Meine Einrichtung war zu einer großen Sitzgruppe zusammengeschoben worden.
Ein Gast, den ich aus unserer Wohnstraße nur vom Sehen her kannte, kam auf mich zu und umarmte mich. Ich roch seine Alkoholfahne. Er drückte mir ein kleines Geschenk in die Hand und wünschte mir alles Gute. Es war ... ein Duschgel. „Haut und Haar“. Ich stellte das zu den anderen.
Harald hatte mich übrigens zu einer kleinen Weinprobe eingeladen. Meine Wahrnehmung war dadurch etwas getrübt.
Ich ging kurz aufs Klo und versuchte mich wieder etwas zu richten. Als ich zurückkam, hatte sich im Wohnzimmer erneut etwas verändert. Alle Möbel waren an die Wand geschoben worden und inmitten des Raumes hatte sich eine Tanzfläche gebildet, auf der bereits drei Paare mehr gegeneinander als miteinander tanzten. Drumherum saßen die anderen „Gäste“ und feuerten die Tanzenden lautstark an. Ich stolperte fast über eine leere Flasche Schnaps, die vor mir auf dem Fußboden stand. Meinem Eindruck nach musste sie aus meiner Hausbar entnommen worden sein.
Wie aus der Ferne vernahm ich das lautstarke Klingeln an meiner Wohnungstür. Es war die ältere Dame von unten. Sie bat

mich, die Musik sofort leiser zu machen. Dies sei ihre letzte Warnung.
Ich schloss vor ihren Augen die Wohnungstür und ging ins Wohnzimmer. Dort traute ich meinen Augen nicht. Der „Table-Dance“ hatte begonnen. Auf dem Esstisch tanzte ... mein Schornsteinfeger, noch in Dienstkleidung und von meinen Skatbrüdern lautstark mit „Ausziehen! Ausziehen! Ausziehen!“ angefeuert. Als Schornsteinfeger kannte er sich mit Anfeuerung aus. Und er gab ihnen, wonach sie verlangten, bis nur noch die Unterhose am Körper klebte.

Die Party hatte nun, so gegen 19 Uhr, ihren vorläufigen Höhepunkt erreicht. Überall in der Wohnung standen geöffnete Flaschen, die allesamt aus meiner Hausbar stammen mussten.
Unter den zahlreichen ausgelassen lachenden und trinkenden Gästen, von denen ich ein Drittel etwa nur flüchtig oder gar nicht kannte, sah ich zu meiner Überraschung auch wieder meine Exfrau mit einem mir fremden Mann. Sie habe noch etwas vergessen mitzunehmen, erklärte sie, während ihr Freund zwei Gläser Sekt in der Hand hielt.
Das war nun zu viel für mich. Fest entschlossen wollte ich der Party ein Ende bereiten. Aber dazu kam ich nicht mehr, denn erneut klingelte es an der Haustür. Ich öffnete. Vor mir standen zwei Polizisten und dahinter die ältere Dame aus dem Erdgeschoss.
„Ich hatte Sie gewarnt“, warf sie mir entgegen.
Die Polizisten fragten, was ich hier eigentlich täte, und ich erklärte ihnen, ich sei dabei, mir eine Linsensuppe aufzuwärmen. Ihr Blick fiel auf die zahlreichen Flaschen der gleichen Sorte Duschgel. Wo ich die denn her hätte, wollten sie wissen. Das seien Geschenke, erwiderte ich unbekümmert.
„Das kann ich bestätigen“, mischte sich der Schornsteinfeger ein.
Ich drehte mich um. Er kam weiterhin nur mit Unterhose

bekleidet aus dem Bad, hatte gerade geduscht und brachte eine weitere, bereits geöffnete Flasche Duschgel mit.
„Was veranstalten Sie hier eigentlich?“, fragte einer der Polizisten.
„Wir sind eine ganz normale Skatrunde“, erklärte daraufhin einer meiner Skatbrüder. „Und der Willi gehört jetzt auch dazu.“ Er zeigte mit dem Finger auf den Schornsteinfeger in Unterhose.
„Wir könnten für ein Turnier auch noch ein, zwei Teilnehmer gebrauchen“, ergänzte er und sah die beiden Polizisten an.
„Ich spiele eigentlich nur Doppelkopf“, sagte der jüngere der beiden Polizisten nach einer kurzen Denkpause und wurde daraufhin von seinem älteren Kollegen strafend angesehen.
„Unsinn….!“, befand der. „Sie verhalten sich jetzt ruhig, sonst kommen wir wieder und lösen Ihre Party auf.“ Danach verließen sie die Wohnung.

Meine Skatbrüder hatten nun ein Turnier ausgerufen und einige Spielrunden gebildet. Auch der Freund meiner Ex war dabei, was ihm sofort Ärger mit Lizzy einbrachte.
Ich gesellte mich dazu und nahm erst mal einen Schnaps auf den Schreck.
Etwa gegen Mitternacht gab es einen Sieger des Skatturniers. Einen Pokal hatten wir nicht und so stiftete ich eine selbstgebastelte Viererpackung Duschgel „Haut und Haar“.
So langsam löste sich die Gesellschaft auf und einer nach dem anderen verließ meine Wohnung.

Endlich allein. Ich atmete durch. Der Hunger meldete sich bei mir und ich suchte nach meiner Linsensuppe. Gegessen hatte ich nicht viel. Zu meinem Leidwesen fand ich nur einen leeren Topf mit wenigen Überresten. Irgendjemand musste sie kalt zu sich genommen haben. Egal ...
Ich legte mich zur Entspannung auf das Sofa und muss auf der Stelle eingeschlafen sein. Gegen 4 Uhr früh hörte ich Geräusche

und schreckte hoch. Zu meiner Verwunderung sah ich den Schornsteinfeger, der auf dem Flur eingeschlafen war.
Er stolperte über eine der zahlreichen leeren Flaschen. Es schien ihm peinlich gewesen zu sein. Er bedankte sich etwas verhalten für die Einladung und erklärte, er müsse in zwei Stunden seinen Dienst wieder aufnehmen.
Noch ehe ich antworten konnte, hatte er die Wohnung verlassen.
Ich legte mich wieder hin.

Als ich am nächsten Tag das Chaos einigermaßen aufgeräumt hatte, ging ich mit einer großen Tüte zu DM. Darin befanden sich 12 Flaschen Duschgel „Haut und Haar“, die ich umtauschen wollte – ich werde erklären, dass ich die Belege wohl irgendwie verloren haben muss.

Wellnessurlaub mit Tücken

Es gibt kaum ein Thema, bei dem Anspruch und Wirklichkeit deutlicher auseinanderfallen können, als beim Thema Urlaub. Der Deutsche urlaubt gern. War es früher das Ausland – Bella Italia oder das 17. Bundesland Mallorca - , so erholen sich inzwischen viele auch gern in Deutschland. Das Land mit seinen Gebirgen und den Küsten ist vielschichtig und erlebnisreich.
In letzter Zeit hat eine Urlaubsform besonders an Beliebtheit gewonnen: Der Wellnessurlaub. Dabei kommt es nicht darauf an, ob man ihn nötig hat. Abgesehen davon würde das jeder unterstreichen. Aber das ist es nicht. Das Konzept aus einer besonderen Wohlfühlatmosphäre, kombiniert mit den üblichen Annehmlichkeiten im Urlaub überzeugt einfach. Eine Wachstumsbranche. Aber der Begriff „Wellness" ist nicht geschützt und kann daher unterschiedlich interpretiert werden, wie die folgende Geschichte zeigt.

Wellness - das dachten sich auch meine Freunde Horst und Karin. In der Vergangenheit hatten sie nicht immer Glück gehabt mit ihren Urlaubsentscheidungen. Erst waren sie krank, daraufhin mussten sie einen anderen, bereits gebuchten Urlaub stornieren. Anschließend passte es beruflich nicht.
Nun hatte Karin die Idee, Horst einen Wellnessurlaub zu schenken. Er war doch auch krank.
Voller Vorfreude machten sie sich auf den Weg. Erfahrungen im Buchen von Urlaub hatte Karin nicht. Dass man heutzutage alles online machen muss, hatte sie lange Zeit abgeschreckt. Dann bekam sie einen Tipp von ihrer Nachbarin, es doch einfach mal zu versuchen. Die meisten Urlaube lassen sich doch noch kostenfrei stornieren. Es sei daher kein Risiko. Also tat sie es und überraschte damit ihren Partner. Sie schenkte ihm einen Wellnessurlaub.

Die Busreise zu ihrem Urlaubsziel verlief ohne Probleme. Ihr Bus hielt schließlich vor dem gebuchten und etwas abgeschieden liegenden Hotel. Ein bisschen war Karin von der Örtlichkeit überrascht. Das Hotel lag etwas sehr weit weg von der Zivilisation. Genau genommen ziemlich im Grünen und fast in einen Berg eingebaut. Das kann ja erst mal nur gut sein für die Erholung, dachte sie. Der Eingang führte über einen Bach, der nur auf ein paar Holzplanken überschritten werden konnte. Egal – Hauptsache drin. Sie traten an die Rezeption.

„Guten Tag, wir sind angereist und jetzt sind wir da", sagte Karin zu dem leicht angespannt wirkenden Portier hinter dem Tresen, der in einer Mappe blätterte. Er schien etwas zu suchen.
„Na, das sehe ich ja ...", gab der Portier etwas unpersönlich zurück und sah dabei noch nicht einmal auf. „Ich muss Sie erst einmal finden. Dann sind Sie die Eheleute Klempe, richtig?"
Karin und Horst nickten.
„Ja, … die anderen sind schon alle da und wir sind aktuell auch ausgebucht. Wegen eines Wasserschadens am Nordflügel stehen uns sechs Zimmer leider momentan nicht zur Verfügung. Ich muss Ihnen vorübergehend das Personalzimmer im Dachgeschoss anbieten. In der nächsten Woche kann ich Ihnen dann Ihr eigentlich zugedachtes Zimmer geben."
Karin und Horst sahen sich verdutzt an.
Die Reise war etwas anstrengend gewesen. Auf Streit hatten sie jetzt keine Lust.
„Na, wenn es nicht anders geht ….", sagte schließlich Horst.
„Sie bekommen auch ein Geschenk von uns", erklärte der Portier und überreichte einen kleinen Karton.
„Was ist da drin?", wollte Karin wissen.
„Das ist hochwertiges Wellnessöl. Latschenkiefer. Können Sie als Duft im Zimmer oder auch als Aufguss in der Sauna und selbst zum Duschen verwenden."
„Na, dann machen Sie uns das Zimmer mal fertig!"

Der Portier telefonierte kurz. Wenig später erschien ein Mitarbeiter in einem Handwerkerdress. Er hatte erkennbar schlechte Laune. Der Portier schien ihm Anweisungen zu erteilen, was die Laune des Handwerkers weiter verschlechterte. Mit einer unmissverständlichen Handbewegung verdeutlichte der Portier, dass er keinen Widerspruch dulden würde. Anschließend setzte er ein etwas gequält freundliches Gesicht auf und erklärte, das Zimmer sei in einer guten Stunde bezugsfertig. Zwischenzeitlich könnten Karin und Horst sich aber bereits im Haus die Zeit mit Wellness vertreiben.
„Möchten Sie denn zum Beispiel schon in die Sauna gehen?"
„Ja, … warum nicht, der Urlaub hat doch bereits begonnen", meinte Karin.

So packten sie sich ein paar Sachen in eine Tasche und machten sich auf in die Sauna. Der Weg dahin führte erneut über einen sehr naturbelassenen Pfad in den Keller. Die Sauna war überdies sehr klein. Auf die zwei kleinen Bänke passte nur je eine Person. Vor der Tür hing eine Liste, der die beiden aber keine Beachtung schenkten. Überrascht durch die Enge stieß Horst beim Eintreten den Aufgusseimer um. Eine klebrige Flüssigkeit verteilte sich sofort auf den gesamten Untergrund und trat auch unter der Tür durch in den Vorraum. Es roch unmittelbar streng, und zwar nach einer Mischung aus Käse und Schweiß.
„Sag mal, was ist das denn für ein Aufguss? Das riecht ja nach feuchtem Hund!" Karin hielt sich angewidert die Nase zu.
In der Ecke stand eine leere Flasche mit der Bezeichnung Latschenkiefer, wie Horst feststellte. Und noch etwas – das darauf vermerkte Datum war sehr alt. Horst war entsetzt.
In diesem Augenblick ging die Tür auf und ein älterer Herr trat in die Saunakabine – zumindest wollte er das, blieb aber verdutzt stehen, weil er offenbar nicht mit anderen Saunagästen gerechnet hatte.
„Was machen Sie hier?", fragte er Horst und Karin.

„Ich habe die Sauna für diese Zeit gebucht!"
„Das wussten wir nicht", gab Horst zurück. „Aber Sie können gerne …."
Weiter kam er nicht, denn der ältere Herr unterbrach ihn. „Warum stinkt das denn hier so erbärmlich? Sie hätten sich wenigstens vorher waschen können!", rief er. Und noch ehe Karin auf das Missverständnis hinweisen konnte: „Mir ist es vergangen, ich habe kein Interesse mehr." Sprachs, drehte sich um und ging wieder.

Auch Karin und Horst verließen die Sauna. Oben angekommen packte Horst das Geschenk aus und fand wie angekündigt eine Flasche Latschenkiefernöl mit dem gleichen alten Datum. Doch zum Reklamieren kam er nicht. Ein Hotelpage stand vor ihm und erklärte, ihr Zimmer sei jetzt fertig.

Oben angekommen fanden sie einen Büroraum mit zwei Schreibtischen, die in den Flur gestellt worden waren. Dafür wurden zwei Einzelbetten älterer Bauart zusammen mit einem Tisch und einem Sofa mittig angeordnet. Auf dem Tisch stand eine Vase mit einem Blumenstrauß, der aus verschiedenen Wildkräutern bestand. Daneben lag eine Karte mit einem „Herzlich willkommen"-Schild und zwei Cocktails.
„Na ja ...", verzog Horst das Gesicht.
„Komm, wir trinken auf unseren Wellnessurlaub." Karin reichte ihm den Cocktail. „Prost!"
Beide nahmen einen guten Schluck. Während Horst nur das Gesicht verzog, spuckte Karin den Mundinhalt sofort in das kleine Waschbecken.
„Was ist denn das?" Sie griff zum Beipackzettel. Dort stand unser Cocktail sei „Morgenstund hat Gold im Mund": Saure Waldbeeren mit Mark von taufrischem Moos und Löwenzahn in Schmelzeis.
„Das kannst Du höchstens als Fensterreiniger verwenden",

meinte Horst.
„Es wird Zeit, dass wir mal einiges mit der Rezeption klären."

Sie gingen beide nach unten, fest entschlossen, alle bisher erlebten Enttäuschungen auf den Tisch zu bringen. Das spärliche Zimmer war dabei noch der geringste Punkt. Schließlich wolle man ja den Tag hauptsächlich in den Wellnesseinrichtungen verbringen. Aber der Zustand der Sauna, das abgelaufene Wellnessöl und der ungenießbare Cocktail seien alles andere als eine gelungene Begrüßung gewesen.
Der Portier sah sie mit großen Augen an.
„Welche Wellnesseinrichtungen? Wir haben unten die Sauna. Die kennen Sie ja schon."
„Das kann doch nicht alles sein", empörte sich Karin. „Sie sind doch schließlich ein Wellnesshotel!"
„Wie bitte?", entgegnete der Portier. „Nein … wir sind ein Gesundheits- bzw. Ökohotel. Alles 100 % Bio. Wir sind nachhaltig und umweltverträglich und verwenden nur regionale und saisonale Produkte."
Horst sah Karin entsetzt an.
„Was hast Du da gebucht?"
„Ich dachte wegen Deiner Gesundheit, dass sie Wellness….", stammelte Karin.
„Waren wir früher mal, aber die Zeiten sind schlecht und das Haus ist alt. Die Leute sind hier weggezogen und unsere Sterne wurden aberkannt. Unsere Kompetenz ist Naturnähe und Ursprünglichkeit. Wer hierher kommt, kann herunterkommen."
„Und Ihr komisches Wellnessöl? Das soll Latschenkiefer sein? Das riecht nicht nach Kiefer, sondern nur noch nach Latschen. Aber sowas von."
„Aber mein Herr. Das ist Natur pur. Wir mischen die Rezeptur selbst seit über 50 Jahren. Aus allem, was die Natur hergibt", erklärte der Portier. „Das ist sehr gesund."
„50 Jahre. Und so alt sind auch die Flaschen?", hinterfragte

Horst. „Na gut, da müssen wir jetzt das Beste draus machen.“
„Hier, nehmen Sie noch einen Cocktail“, rief der Portier.
„Ich nicht,“ erklärte Karin mit einer eindeutigen Handbewegung.
„Geben Sie mal her,“, sagte Horst. „Wir nehmen den Cocktail mit in die Sauna. Zum Aufgießen!“

Den Abend verbrachten die beiden ruhig und gingen zum Essen in den nahegelegenen Ort. Die nächste Überraschung stellte sich am darauffolgenden Morgen ein. Karin stand eingeseift in der Dusche, als das Wasser versagte. Panisch rief sie nach Horst.
Der kontaktierte daraufhin sofort den Portier.
Dieser tat ganz verwundert.
„Habe ich Ihnen das nicht erklärt? Wir haben in unserem Haus ein Wassermanagement. Wasser ist kostbar. Sie müssen sich zum Duschen anmelden, dann geben wir ihnen eine Freigabe, sofern gerade Wasser zur Verfügung steht. Wenn alle zum gleichen Zeitpunkt duschen wollen, kann es etwas knapp werden.“
„Wieso kann das knapp werden? Haben Sie hier keine öffentliche Wasserversorgung?“
„Natürlich nicht. Wir sind von der öffentlichen Wasserversorgung befreit. Wir verwenden Ökowasser.“
„Was heißt das? Wo kommt das her?“ Horst wurde ungeduldig.
„Das ist naturreines Quellwasser. Zum Duschen wird es zweitverwertet, denn wir fangen das Wasser wieder auf. Auch das Duschwasser. Das geben wir durch ein Sieb und fügen einen Naturextrakt dazu, den wir aus Nelken gewinnen.“
„Heißt das, wir duschen mit bereits benutztem Wasser?“
„Wir verwenden unser Wasser aus sauberen Quellen und führen es einer ökologischen Mehrfachnutzung zu. Völlig ohne Chemie.“
„Also hören Sie … meine Frau steht eingeseift unter der Dusche. Wir brauchen jetzt sofort Wasser!“
„Kein Problem, ich schalte Ihnen unser Regenwasser zu. Das ist

die Reserve. Bitte melden Sie sich für morgen rechtzeitig an, wenn Sie duschen wollen. Man muss aber nicht jeden Tag duschen."

Karin war entsetzt.
„Ich habe nur noch kaltes Wasser gehabt. Außerdem bin ich nicht sicher, ob es sauber war."
Horst erklärte ihr besser nicht, was er soeben erfahren hatte.
„Komm, lass uns frühstücken gehen."
„Musst Du nicht auch duschen?"
„Äh … nein ... ich setze mal einen Tag aus."

Der Frühstückssaal war voll besetzt. Nur an einem Tisch saß lediglich ein Herr.
„Dürfen wir uns zu Ihnen setzen?", sprach ihn Horst an.
Dann erst erkannte er den älteren Herrn, den sie gestern in der Sauna getroffen hatten.
„Nur, wenn Sie sich gewaschen haben", erklärte dieser.
„Habe ich doch...", log Horst ihn an.
Karin, die sich noch umgesehen hatte, nahm jetzt auch Platz.
„Du kannst auch nachher noch duschen, Schatz", wandte sie sich an Horst, ohne das Gespräch zuvor mitbekommen zu haben.
Das vernahm auch der ältere Herr.
„Wie, Sie haben wieder nicht geduscht? Verlassen Sie diesen Tisch!", forderte er Horst auf.
Horst machte sich erst gar nicht die Mühe, nach einer Erklärung zu suchen, denn am Nebentisch wurde etwas frei. So wechselten sie den Tisch.
„Komm, lass uns was essen!"

Auf dem Tisch mit dem Frühstücksbüfett standen überall kleine Fähnchen mit dem Hinweis „ökologisch rein" und „natürlich wertvoll".
Karin wählte ein Müsli mit Nüssen, Waldbeeren und

Bärlauchpesto. Horst entschied sich für Marmorzementkuchen und selbstgebackene Sandkekse. Als deftige Vorspeise nahm er etwas vom hausgebackenen Brot, das er sich mit hausgemachtem Forellenmus bestrich. Ein Ingwer-Chili-Cocktail sollte das Frühstück abrunden.
„Bringst Du mir einen Kaffee mit?“, rief Karin.
„Auf eigene Gefahr“, erklärte Horst. „Du musst hier auch mit aufgefangenem Duschwasser rechnen.“
„Wie bitte?“
„Schon gut ... vergiss es.“

Auf dem Weg aus dem Frühstückssaal fing sie der Portier ab.
„Ich habe jetzt ein Zimmer für Sie. Es liegt im ersten Stock. Sonnenseite. Sie können sofort umziehen, wenn Sie möchten.“
Die erste gute Nachricht, dachte Karin.
Also packten sie ihre Sachen, verließen das Personalzimmer und betraten das neue Gästezimmer.
Die Sonne schien hell durch das Fenster und wärmte den Raum.
„Jetzt können wir doch noch ein paar schöne Tage verbringen“, sagte sie zu Horst.
Für den Rest des Tages unternahmen sie eine Wanderung.

Als sie gegen Abend ihr Zimmer wieder betraten, war die Sonne bereits untergegangen.
„Es ist frisch hier. Machst Du mal die Heizung an?“, rief sie Horst zu.
Der sah sich um und schüttelte den Kopf. „Ich sehe hier keine Heizung. Warte, ich frag mal bei der Rezeption.“

„Das tut mir leid, Sie haben eins unserer Sonnenzimmer gebucht. Die Sonnenzimmer sind alle ohne fossile Heizung.“
„Aber Entschuldigung, wir haben Anfang März und es sind draußen 8 Grad. Hier drin sind es höchstens 15 Grad.“
„Wenn Sie den Schrank aufmachen, sehen Sie einen kleinen

Kamin. Den dürfen Sie anmachen. Das Abluftrohr können Sie aus dem angekippten Fenster hängen. Aber das Holz hätten sie aus dem Wald vor unserem Haus heute schon sammeln müssen. Ich würde Ihnen das für morgen empfehlen."
„Und heute ...?", fragte Karin.
„... gehen wir ins Bett und machen uns das Fernsehen an", entgegnete Horst.

So vergingen die Tage. Jeden Morgen fingen bereits beim Frühstück die Probleme an. Der Kaffee enthielt den Hinweis: Aus reinem Kompostsubstrat. Das war nicht jedermanns Sache. Wohl dem, der Teetrinker war. Hier konnte man für sich völlig neue Sorten entdecken. Meist waren mindestens drei verschiedene Sorten verfügbar, also Graswurzeltee, Bündnis 90 – Grüner Tee, mindestens genauso alt und ... ganz neu im Sortiment: Latschenkiefertee. So schafften es Karin und Horst, in ihrem Wellnessurlaub drei Kilo abzunehmen. Entschlacken als besondere Form des Wellnessaufenthalts. Immerhin auch gesund.

Der Tag der Abreise war gekommen. Der Portier verwies darauf, dass man auf der Homepage eine Bewertung hinterlassen könne. Horst erklärte, das sei das erste, was er täte, sobald er wieder zu Hause angekommen sei.
„Dann darf ich Ihnen die Rechnung überreichen", sagte der Portier und setzte dabei ein würdevolles Gesicht auf.
Horst blickte kurz auf den Rechnungsbetrag und verzog keine Miene.
„Möchten Sie in bar oder mit Karte zahlen?", erkundigte sich der Portier.
„Ich habe mir etwas anderes ausgedacht, was gut zu Ihrem Haus passt", entgegnete Horst mit einem süffisanten Lächeln. „Sie sind doch ein auf Umweltfreundlichkeit und Nachhaltigkeit ausgerichtetes Haus."
Der Portier nickte mit einem fragenden Blick.

„Dann zahle ich in Naturalien“, erklärte Horst.
„Wie …? Wie meinen Sie …?
„Nun, ich habe draußen ein paar Steine gesammelt. In unserem Zimmer liegt auch noch etwas gesammeltes Brennholz. Hinter dem Haus finden Sie außerdem einen von mir dekorativ zusammengeschobenen Haufen Pferdeäpfel. Vielleicht haben Sie dafür sogar eine kulinarische Verwendung. Zu guter Letzt schauen Sie bitte mal in Ihren Kräutergarten. Dort habe ich die letzten drei Tage Ihre Brennnesselkulturen fleißig mit meinem eigenen Dünger versehen, wenn Sie verstehen, was ich meine. Demnach müssten wir quitt sein, denn das Personalzimmer taucht auf Ihrer Rechnung auch nicht auf. Alles Weitere können Sie morgen in meiner Hotelrezension lesen. Auf Wiedersehen! Aber nicht so bald …“

Weinprobe

Zu den gern angenommenen Freizeitveranstaltungen gehören Weinproben. Hier treffen sich Geselligkeit, gute Laune und einfach nur dem Leben zugewandte Menschen, die sich gern einmal ein paar Stunden unbeschwert geben und den Alltag vergessen wollen. Die Weinkellerei Mögebier und Söhne ist eine der beliebten Adressen für Weinproben, die unvergessen bleiben. Die Weinkellerei ist überregional bekannt und wird in Fachkreisen für ihre Kompetenz geschätzt. Täglich finden dort gut besuchte Besichtigungen statt, die üblicherweise mit einer kleinen Weinprobe beendet werden.

Eine gemischte Gruppe weininteressierter Menschen hat soeben die Weinkellerei besichtigt, als der Führer der Gruppe mit einer einladenden Handbewegung einen Gastraum öffnet.
„Darf ich Sie nun zur angekündigten Verkostung in unsere gute Stube bitten? Nehmen Sie einfach ungezwungen Platz!“
Die ersten in der Gruppe quetschen sich durch die Tür und bleiben verwundert stehen. Hans, ein etwas steifer Mittfünfziger, und seine spindeldürre Partnerin Hilde betreten ebenso den Raum, wie der wohlbeleibte Paul, der in bayerischer Tracht erscheint und seine übergewichtige Gattin Gertrud vor sich herschiebt.

Plötzlich geschieht etwas Unvorhergesehenes.
„Ey Alter, da sitzt einer und pennt,“, rief es aus der Menge.
Der Führer macht einen erstaunten Gesichtsausdruck, fängt sich aber schnell wieder und sagt:
„Das ist unser Herr Petereit. Der hatte ... Moment ... ich schaue kurz auf den Plan …, ja – der hatte heute die ersten drei Gruppen geführt. Entschuldigen Sie mich bitte kurz, meine Damen und Herren.“
Er wandte sich an den Schlafenden:

„Günter, mach` mal jetzt Feierabend."
Der so Angesprochene schaute etwas benommen und hob seinen Kopf von der Tischkante. Offensichtlich schien er verwirrt. Dann stand er schließlich auf und schlurfte leicht torkelnd aus dem Raum.
„... und nimm Deinen Wein mit!", rief ihm der Führer noch hinterher.
„Entschuldigen Sie nochmals dieses kleine Missverständnis. Der Herr Petereit ist noch nicht so lange bei uns."

Nach dieser kleinen Peinlichkeit nehmen die Gäste nacheinander in der gemütlich eingerichteten Bauernstube Platz. Die Eheleute Paul und Gertrud haben sich gemeinsam mit ihren Nachbarn Hans und Hilde zu diesem Nachmittag verabredet und freuen sich nun, nachdem der Besichtigungsteil abgeschlossen ist, auf einige gute Tropfen erlesener Weine.
„Na, ich weiß gar nicht, ob unsere Männer überhaupt Wein mögen. Die trinken doch sonst nur Bier und Schnaps", flüsterte Gertrud ihrer Nachbarin zu.
Paul, der das gehört hatte, protestierte sofort: „Also Glühwein trinke ich schon." Die vier lachten.

Zwei Kellner betraten nun die Stube und schenkten den ersten Wein in die Gläser ein. Der Führer beäugte das Prozedere mit einem gütigen, aber kritischen Blick.
„Hier geht heute keiner raus, ohne dass er von unseren Top-Weinen überzeugt ist," posaunte er in die Menge und tippte dabei launig dreimal auf den Flaschenbauch.
Hans leerte das ihm zugedachte Glas in einem Zug.
„Kipp den doch nicht so runter!", rief ihm Hilde zu, aber es war schon zu spät.
„Na, wie hat er gemundet?", erkundigte sich der Führer.
Hans musste kurz aufstoßen, was er nicht ganz verbergen konnte, verzog das Gesicht und schüttelte sich.

„Also, er schmeckte mir zu säuerlich.“
Der Führer las kurz in seiner Fibel.
„Das war ein struppiger Gelbburgunder. Er hat vielleicht etwas zu viel Fuselöle, das ist nicht jedermanns Sache, aber er legt die Geschmacksnerven frei.“

„Möchten Sie kurz neutralisieren?“
„Soso … äh, wie ...?“ Hans verstand die Frage nicht, aber der Führer ließ sich nicht beirren.
„Zum Neutralisieren können Sie wählen zwischen einem stillen Bergbach, echt Kölnisch Wasser und einem verlängerten Sprudelquell.“
Hans schüttelte den Kopf.
„Nimm doch Eau de Toilette“, kicherte seine Partnerin Hilde.
„Muss der eigentlich so schwülstig reden?“, flüsterte Gertrud der Hilde zu. „Und wie der geht. Als ob er einen Stock im Arsch hat.“

Nach dieser ersten eher enttäuschenden Probe brachte der Führer einen weiteren Wein.
„Probieren Sie mal diesen Rotwein.“ Die Kellner schenkten erneut ein, während der Führer dazu die Erläuterung vorlas:
„Dieser erlesene Wein kommt direkt aus unserem letzten Abstich. Es ist ein heuriger Château de Neuf, einer unserer edelsten Tropfen. Und das Besondere ist die Herstellung: Dieser Wein ist fußgestampft.“
Paul, der das Glas schon angesetzt hatte, verschluckte sich postwendend und bekam einen Hustenanfall. Hans ließ den Wein sofort aus seinem Mund in das Glas zurücklaufen.
„Was ist mit dem Wein bitte?“, rief er dem Führer zu.
„Der Wein ist fußgestampft“, wiederholte der. „Das hat eine lange Tradition.“
„Da hat jemand die Weintrauben mit seinen Füßen zertreten?“
„Äh, ja ... Sie können es auch so ausdrücken.“

„Pfui Teufel, so etwas bieten Sie uns an?“ Paul schob das Glas beiseite. Hans schloss sich ihm an.
„Da denkst Du wohl an deine Füße...?“, lachte Gertrud. „Na, die sind dafür eher ungeeignet. Mehr möchte ich dazu nicht sagen.“
„Selbstverständlich sind die Füße gereinigt worden.“
„Vorher oder hinterher?“, fragte Hans darauf. „Also wissen Sie, ich lade Sie mal zum Essen ein. Dann mache ich Kartoffelpüree und das bekommen Sie auch fußgestampft.“
„Dann komme ich aber nicht“, rief Paul dazwischen.
„Mein Herr, das ist nun wirklich etwas anderes“, echauffierte sich der Führer.
„Alle unsere Weine sind qualitätsüberwacht und aus biologischem Anbau. Sind Sie überhaupt Weintrinker?“
„Weniger...“, erklärte Hans. „Ich grille lieber und dazu passt am besten ein Pils.“
„Na sagen Sie das doch gleich. Hier habe ich den passenden Wein dazu. Probieren Sie mal, das ist ein Horlacher Mettgut aus dem wilden Domtal, leicht, süffig und rauchig im Geschmack. Der wird Ihnen gefallen.“
Hans kippte den Wein herunter.
„Kann ich noch einen bekommen?“
„Bitteschön.“
Hans kippte auch diesen Wein herunter.
„Na, wie schmeckt er Ihnen?“
„Der schmeckt wirklich rauchig, irgendwie nach Bratwurst!“
„Sehen Sie…! Und diese bauchige Eleganz!“
Hilde erschrak.
„Bauchige Eleganz??? Wollen Sie sich über meinen Mann lustig machen? Der hat gerade eine Fastenkur hinter sich.“
„Verzeihen Sie, gnädige Frau, ich spreche von dem Wein. Aber darf ich Ihnen mal einen gespritzten servieren? Da habe ich den Schopenhauer Schlüpferstürmer. Der ist porig und fruchtig und im Abgang mit einer leichten Edelfäule.“
Paul grätschte direkt dazwischen:

„Ich habe hier nur Schlüpferstürmer und spritzen verstanden. Da bin ich dabei!“
Der Führer goss entsprechend ein, sichtbar unzufrieden, weil seine Weine irgendwie alle nicht den Geschmack der beiden Ehepaare trafen. Aber er gab nicht auf und brachte immer wieder etwas Neues auf den Tisch. So gab ein Glas das nächste und die vorgesehene Bewirtungszeit von 90 Minuten war abgelaufen.

Die anderen Gäste erhoben sich nach und nach, bedankten sich und verließen den Raum.
Nur noch die beiden Nachbarpärchen saßen an einem Tisch.
Kein Stress. Eine weitere Besichtigung der Weinkellerei sei an diesem Tag nicht geplant, erläuterte der Führer und brachte eine ganze Reihe weiterer Flaschen mit.
„Die werden Sie überzeugen“, war er sich sicher. Er öffnete seinen Hemdkragen und nahm bei den Vieren Platz. Es wurmte ihn, dass Hans und Hilde, Gertrud und Paul die einzigen waren, die sichtbar unzufrieden bislang keine Bestellung aufgegeben hatten.

So vergingen weitere anderthalb Stunden mit diversen Proben. Bei keinem Wein hielten sich die vier länger auf. Es gab aus ihrer Sicht immer etwas zu beanstanden. Aber trotzdem wurde die Stimmung – sicher auch durch den Alkohol - langsam gelöster und der eine oder andere Scherz kam über die Lippen. Die unter Fremden übliche Reserviertheit und höfliche Distanz wurde mehr und mehr aufgegeben.

Hans hatte inzwischen die Playlist von seinem Handy eingeschaltet, auf laut gestellt und verwöhnte sich und die anderen mit einer Reihe Ballermann-Hits und weiterer Partykracher. Der Führer hatte einige Knabbereien auf den Tisch gestellt. Man könne auch damit neutralisieren, meinte er.
„Was machst Du denn mit der Salzstange?“, wies Hilde ihren

Mann zurecht.
„Ich hab` da was … Moment!“
„Aber damit bohrt man doch nicht im Ohr! Siehst Du, jetzt ist sie abgebrochen. Hier … Nimm lieber die Büroklammer von der Weinbeschreibung.“
„Hier geht heute keiner traurig raus“, rief der Führer, der gerade einen neuen Wein geöffnet hatte und dem man inzwischen auch anmerkte, dass seine Zunge schwerer wurde, denn schließlich musste er jede Runde antrinken, um den Wein fachgerecht beurteilen zu können.
„Was hast Du denn noch für Weine?“ stieß Paul ihn an. „Mach doch mal einen Glühwein auf!“
Alle lachten.
„So etwas habe ich nicht, Du Nase“, gab der so Angesprochene zurück. „Aber der hier, der wird Dich überzeugen. Das ist ein räudiger Kater aus dem Kleistheimer Täubchenhort, ein ganz exquisiter Tropfen. Wir müssen ihn nur kurz lüften.“
„Genau, mach mal das Fenster auf“, rief Hans. „Hier stinkt es drin.“
„Du hast doch keine Ahnung“, schleuderte Gertrud ihm entgegen. „Der Wein muss atmen. Das weiß ich sogar. Stimmt's... und wie heißt Du eigentlich?“ Gertrud sah den Führer an.
„Ich heiße Erich.“
„Vorne er, hinten ich“, höhnte Paul. „Komm her, wir trinken jetzt Brüderschaft!“ Gesagt – getan.

Inmitten dieses Angebots betrat eine weibliche Reinigungskraft den Raum. Sie war erkennbar erschrocken, dass noch Gäste anwesend waren, entschuldigte sich und gab an, später noch einmal wiederzukommen.
Erich rief sie zurück und erklärte ihr, sie müsse hier heute nicht saubermachen. Er würde nachher selbst etwas aufräumen.
„Kannst Du das denn selbst entscheiden?“, erkundigte sich Hilde, inzwischen auch leicht lallend, bei ihm.

„Eigentlich nicht, aber das ist mir in diesem Scheißladen egal", gab der inzwischen sichtbar angetrunkene Erich zurück. „Ich habe das hier so satt."
„Das ist wie überall", rief Paul, ebenfalls bereits deutlich angeheitert, dazwischen. „Ich sage es ja immer: Der Kopf stinkt von oben."
Hans schaute ihn etwas ungläubig an:
„Hieß das nicht irgendwie anders? War da nicht was mit Fisch?"
„Du hast recht... jetzt habe ich es: Der Kopf stinkt von oben nach Fisch! So…"
„Apropos Fisch", meldete sich Hilde. „Habt ihr nicht auch langsam Hunger? Wenn ich hier noch mehr Weine trinken muss, brauche ich was zu essen. Ich rufe mal den Pizza-Bringdienst an. Erich, was nimmst Du für eine…? Ach, der holt gerade Wein... Erich!" Hilde rief ihm hinterher, aber er hörte es nicht.
„Dein Handy klingelt, Erich, … ich geh' mal ran", rief Hilde.

Kurz darauf kehrte Erich mit neuem Wein zurück.
„Deine Frau hat angerufen", richtete ihm Hilde aus. „Na, das ist ja ein Besen. Wenn Du wieder besoffen bist, bräuchtest Du gar nicht mehr nach Hause kommen. Es wäre bereits das dritte Mal in diesem Monat, dass Du nach Deinen Besichtigungen abgestürzt wärst. Außerdem hätte sie genug von Deinen Frauengeschichten und sie wollte wissen, wo Du mich aufgegabelt hättest…! Geht's noch??"
Erich lachte verächtlich:
„Die Alte kann mich mal am Hobel blasen… Hast Du mir eine Pizza mitbestellt? Okay … und den nächsten Wein nehmen wir jetzt mal oral ein."
Kurz darauf ertönte ein Schrei, direkt aus dem Handy von Erich und schließlich einige Kraftausdrücke aus der untersten Schublade. Es stellte sich heraus, dass Hilde die Telefonverbindung auf Erichs Handy unglücklicherweise nicht durch Tastendruck beendet hatte, sodass Erichs letzte Äußerung über seine Gattin

auch dort angekommen war. Denn die hatte das Telefonat noch nicht beendet und lauschte dem Treiben in der Weinkellerei.
So wurde sie auch noch Zeuge von dem Eintreffen des Pizzaboten und von Erichs Ankündigung, er hole jetzt den Wein aus dem Büro des Geschäftsführers, einen 40 Jahre alten Gewürztraminer, da sie so jung nicht mehr zusammenkämen. Dann hatte Erichs Ehefrau genug und beendete die Telefonverbindung schlagartig.

Nach dem Genuss der Pizza sowie einiger weiterer Flaschen Wein entschloss man sich, so langsam die Veranstaltung ausklingen zu lassen. Paul lud die Gesellschaft spontan auf einen Absacker bei sich zu Hause ein. Eine Idee, die einhellige Zustimmung fand.
Nach einem zwischenzeitlich weiteren Telefonat zwischen Erich und seiner Frau war klar, dass Erich im Gästezimmer von Paul und Gertrud übernachten musste, denn sein Hausschlüssel würde nicht mehr in das inzwischen geänderte Schloss seiner Wohnung passen. Aber damit nicht genug.
Erich blieb insgesamt vier Wochen bei ihnen im Gästezimmer wohnen, denn seine Frau hatte ihn für dauerhaft unerwünscht erklärt.
Auch seinen Job in der Weinkellerei war er umgehend los, nachdem dort am Tag nach der Besichtigung etliche Schäden vorgefunden worden waren. Auch der Verlust einer Reihe bester Weine, die nicht für die Besichtigungsgäste gedacht waren, wurde bei dieser Gelegenheit festgestellt.

Inzwischen hat Erich einen neuen Job. Er arbeitet bei einer namhaften Versicherungsgesellschaft im Außendienst. Nach einer persönlichen Vorstellung bei der Versicherung habe man seine Gewandtheit im Kundengespräch, seine gepflegten Umgangsformen und seine hervorragenden Verkaufsfähigkeiten geschätzt und ihn sofort eingestellt.

Dinner mit kleinen Meinungsverschiedenheiten (Fußballdisput)

Ein sternenklarer Abend in einer kleinen Stadt im Ruhrgebiet. Eine ruhige Geschäftsstraße kommt zur Ruhe. Vor einem Restaurant geht ein mit Anzug und Krawatte elegant bekleideter Mann auf und ab und raucht eine Zigarette. Aus dem Dunkel der Nacht kommt ein ebenfalls gut gekleideter Herr auf das Restaurant zu.
„Guten Abend, Herr Berger, Sie hätten doch nicht hier vor dem Restaurant auf mich warten müssen, ich bitte Sie!“
„Aber das ist doch selbstverständlich, schönen guten Abend, Herr Rappmann. Sie sollen doch die Platzwahl haben.“
„Sehr freundlich, wirklich sehr freundlich….“
Beide gehen hinein und werden vom Kellner zum reservierten Tisch begleitet.

„Wünschen die Herren einen Aperitif oder darf ich gleich die Karte reichen?“, erkundigte sich der Kellner in einer betont würdevollen Art.
„Hier gibt es einen exquisiten Aperitif, dazu lade ich Sie ein, verehrter Herr Rappmann. Den können Sie nicht auslassen. Das ist ein Gin-Martini-Trüffel mit einem Hauch von einem orientalischen Sorbet. Das ist eine Spezialität.“
„Oh, sehr gern, dann seien Sie so freundlich und bringen Sie uns doch gleich zwei davon mit der Karte bitte.“
„Selbstverständlich die Herren, stets zu Diensten.“

Harald Berger grinst zufrieden.
„Man isst und trinkt hier hervorragend. Es ist das beste Haus am Platz.“
„Ich danke Ihnen sehr für die Einladung, Herr Berger. Es war eine gute Idee von Ihnen. Ich hoffe, ich kann das mal wieder gutmachen.“

„Aber…. lieber Herr Rappmann. Das brauchen Sie doch nicht. Ich stehe doch in Ihrer Schuld. Genießen wir einfach den schönen Abend.“
„Ja, das machen wir.“

Der Kellner serviert den Aperitif.
„...Sooo…. zweimal das orientalische Trüffel-Sorbet, bitte sehr die Herren. Und die Speisekarte – nicht zu vergessen.“
Die beiden Herren genießen sichtbar die entspannte Atmosphäre des Zwei-Sterne-Restaurants, eines der besten Restaurants im Ort.
„Hören Sie die Hintergrundmusik? Einfach nur genial. Das ist die Jazzversion der Feiertagsdominante vom Jochen-Sprudel-Sextett. Eine sehr seltene Live-Version. Hören Sie mal hin!“
„Oh, ja … jetzt wo Sie es sagen... ja…. wirklich genial das Stück. Ich glaube, ich wähle die Lammsattel-Suite mit gebeizten Früchten und einem Knoblauchpesto in Rahm oder wahlweise mit Porree-Holunder-Creme.“
„Deliziös. Sie haben einen guten Geschmack!“

Während die beiden noch die Köstlichkeiten der Karte bewundern, sitzt am Nebentisch ein Pärchen mittleren Alters. Der Mann, der bislang die Tageszeitung durchgeblättert hatte, beugte sich nun herüber zu den Herren Berger und Rappmann:
„Entschuldigung – Sie wissen nicht zufällig, wie das Lokalderby zwischen dem BVB und Schalke 04 ausgegangen ist?“
Berger schnippte mit dem Finger und lächelte vielsagend:
„Aber ja doch. Das war eine klare Sache. 3:0 für den BVB. Die Schalker hatten nicht den Hauch einer Chance!“
„Aah, vielen Dank“, sagte der Mann vom Nebentisch und drehte sich wieder um.
„Moment….“, schaltete sich nun Rappmann ein. „So eindeutig war das eigentlich nicht.“
„Wieso nicht?“, fragte Berger.

„Na, wenn der klare Elfmeter für Schalke nach fünf Minuten gegeben worden wäre…!“
„War er aber nicht. Das war auch niemals ein Elfmeter.“
„Ich bitte Sie. Das ist doch jetzt Quatsch! Der Schiedsrichter war das ganze Spiel über parteiisch. Ein Heimschiedsrichter für Dortmund! Sonst hätten die nie gewonnen.“
„Na, das ist jetzt aber frech…. wo die gesamte Schalker Mannschaft bekanntlich nur aus Schauspielern besteht, die sich fallen lassen, wenn der Gegner auf sie zukommt. Mehr können die doch nicht!“
„Und was war, als Reus wieder umgefallen ist? Der simuliert doch alle Nase lang“, ereiferte sich nun Rappmann, sichtlich erregt.
„Also sach ma… jetzt wird's aber unverschämt… Der Reus ist viel zu schnell für die. Den können die doch nur foulen“, entgegnet Berger, jetzt auch etwas lauter.
Rappmann ringt nach Worten, sagt aber nichts und zeigt seinem Gegenüber nur den Stinkefinger, was Berger noch weiter aufbringt.
„Willst Du Nase etwa behaupten, dass die Schalker auch nur den Hauch einer Chance gehabt haben?“
Berger wurde jetzt richtig laut.
„Wenn die Dortmunder nicht den Schiedsrichter gekauft hätten, wäre das Spiel gekippt!“
„Den Schiedsrichter gekauft???? Hahaha... Gegen die Gurkentruppe der Schalker hatten die das nicht nötig!“
Jetzt ist Berger in den Augen von Rappmann zu weit gegangen: „Gurkentruppe, weißt Du was? Du bist ein Wichser! Du kannst vielleicht Halma beurteilen, aber nicht Fußball!“

In diesem Augenblick trat der Kellner an den Tisch. Er hatte den sich anbahnenden Streit genau beobachtet.
„Entschuldigen Sie, meine Herren, würden Sie sich bitte etwas leiser streiten. Hier sitzen noch andere Gäste, die das Ambiente

ungestört genießen möchten.“
„Ja, das kann ich bestätigen“, meldete sich der Herr vom Nebentisch.
„Halt Du Dich doch da raus, Du Pfeifenkopp! Du hast doch nach dem Ergebnis gefragt und den Streit angefangen“, wies ihn Berger zurecht.
„Herr Ober, wir möchten uns woanders hinsetzen“, griff nun die Dame vom Nebentisch ein.
„Herr Ober…“, unterbrach nun Rappmann, „haben Sie das Spiel gesehen? Also hier …. Dortmund gegen Schalke.“
„Jaaa, ... schon“, entgegnete der Ober. „Ich fand's aber ziemlich langweilig, weil es total ausgeglichen war. Da haben beide nicht wirklich was zustande gebracht. Und Schalke war wie immer völlig von der Rolle.“
„Was bist Du denn für ein Arschloch?!“, rief ihm Rappmann zu. „Mach, dass Du weiterkommst!“
Der Ober errötete, drehte sich um und ging. Rappmann, der sich nicht beruhigen konnte, griff zu seinem Cocktailglas und kippte ihm den Rest seines Drinks mit Schwung in den Rücken. Die Flüssigkeit ging durch das Hemd auf die Haut.
Der Ober zuckte kurz zusammen, ließ sich aber nichts weiter anmerken.

Rappmann war nun auf Betriebstemperatur. Zu Berger gewandt rief er:
„Hast Du mich hier nur eingeladen, um Deine absurde Fußballscheiße zu verbreiten? Ich hätte das durchschauen müssen. Dein komischer Giraffenschal ist mir schon länger aufgefallen. Einfach nur schwuchtelmäßig.“
„Hör mal zu, Du Pfeifenwichs! Du fängst Dir gleich eine!“, bot ihm Berger jetzt Schläge an.
Dazu kam es aber nicht.
In dem Augenblick erschien wohl gerade noch rechtzeitig der Ober gemeinsam mit dem Geschäftsführer des Restaurants, der

sofort das Wort führte:
„Meine Herren, es hat hier einen Vorfall gegeben, der die Würde unseres Hauses verletzt. Ich darf Sie bitten zu zahlen und dann zu gehen. Ich muss darauf bestehen!“
„Pass mal auf! Du kannst gleich gar nicht mehr stehen, wenn ich Dir eine schiebe. Wer ist denn der Hanswurst jetzt?“, rief Rappmann zum Kellner und zeigte dabei mit seinem Finger auf den Geschäftsführer.
„Das ist unser Geschäftsführer, Herr Schulte-Wirges“, erklärte der Kellner.
„Die Würde Deines Hauses“, höhnte Rappmann. „Eine Pommesbude ist das hier! Und wofür soll ich hier bezahlen? Für die Plörre etwa?“
Der Geschäftsführer hatte nun genug gesehen.
„Verlassen Sie bitte sofort das Haus, sonst rufe ich die Polizei! Wir sind ein anständiges Restaurant!“
„Anständig…. Das ich nicht lache!! Du kannst gleich anständig was in die Fresse kriegen, Du Kasper! Ich weiß gar nicht, warum wir überhaupt hierher gekommen sind“, empörte sich Berger und zerriss vor Wut die Speisekarte. „Das ist der letzte Laden hier!“
„Das hat jetzt ein Nachspiel!“, rief der Geschäftsführer, nun auch sichtlich erregt. „Das war Sachbeschädigung und Verleumdung!“
„Dann komm doch gleich mit raus. Wir gehen kurz um die Ecke und Du fängst Dir welche, aber nicht zu knapp!“
„Lass sein, das hat doch keinen Sinn“, wandte sich nun Rappmann an den völlig aus der Fassung geratenen Berger.
„Du hast recht“, antwortete Berger. „Zwei Straßen weiter ist eine urige Bierkneipe. Da gibt es Currywurst mit Pommes rot-weiß. Lass uns da hingehen.“
„Machen wir! Auf die Farben rot-weiß können wir uns verständigen, oder?“ Beide lachten und ihre Einigkeit war plötzlich wiederhergestellt.

Gute zwei Stunden später in einer kleinen Eckkneipe am Ende der Straße.
Dr. Harald Berger, kaufmännischer Geschäftsführer einer großen Warenhauskette und Heinz-Herbert Rappmann, Prokurist einer angesagten IT-Firma auf dem neuen Markt sitzen an einem kleinen Tisch. Vor ihnen stehen acht leere und zwei volle Gläser Bier. Rappmann, der Schalke-Fan, analysiert deutlich angetrunken noch immer das verlorene Bundesligaspiel gegen Dortmund.
„Wir hatten einfach keinen Druck auf den Ball", führte er aus. „Und wir haben die Räume nicht gefunden."
„Zum Glück haben wir diesen Raum hier noch gefunden", tönte Berger bierselig und lachte über seinen eigenen Witz. „Komm, Prost!"
„Willst Du noch was essen?"
„Könnten wir eigentlich. Ich habe mir extra einen Puffer mitgenommen."
„Waaasss? Einen Kartoffelpuffer?"
„Quatsch! Einen finanziellen Puffer, meine ich. Gut, wir bestellen." Er rief dem Wirt hinter dem Tresen zu: „Zweimal Currywurst mit Pommes rot-weiß bitte!"
„Alles klar!"
Kurz darauf essen sie.
Während Berger erkennbar hungrig das Essen in sich hineinschlang, stocherte Rappmann lustlos und mit leicht verzogener Miene auf seinem Teller herum.
„Also ich weiß nicht… irgendwie schmecken meine Pommes fischig. Deine auch?", fragte er.
„Ja, kann sein, ist mir aber egal, ich habe Hunger", erklärte Berger.
„Nee... komm, das geht nicht an. Ich frage mal."
„Mach hier nicht schon wieder Theater!", ermahnte ihn Berger.
„Fragen wird ja wohl noch erlaubt sein! - Hey Meister, habt ihr hier irgendwas mit Fisch auf der Karte?"

„Nein, diese Woche nicht", antwortete der Wirt. „Da hättet ihr vorletzte Woche kommen müssen. Da gab es grüne Heringe, lecker frittiert. Kann ich Dir heute nicht anbieten."
„Vor zwei Wochen??" Rappmann verzog das Gesicht und schob seine Pommes an den Tellerrand.
„Aber hier, mal wat anderes", rief der Wirt. „Iss einer von euch Schalke-Fan?"
„Ja, wieso?", fragte Rappmann.
„Da hat gerade so'n Typ von dem piekfeinen Laden da hinten angerufen. Gesagt, er wär der Kellner dort. Ob hier zwei Fußballfans wären, der eine ein Schalker. Mit dem hätte er noch was zu besprechen."
Berger grinste in sich hinein:
„Das ist doch der Kasper, dem Du den Aperitif ins Kreuz gekippt hast. Das riecht nach Ärger. Was hast Du ihm gesagt?"
„Nix. Aber er meinte, er hätte jetzt Feierabend und käme gleich vorbei", gab der Wirt zurück.
„Dann tue mir mal den Gefallen und bring uns den Pott mit dem Fischfett, in dem Du Deine Pommes machst. Diesmal kommt der nicht so billig davon. Ich ruf auch noch ein paar Kumpels an. Die freuen sich immer wenn Stimmung ist."

Gegen 3 Uhr morgens ging ein Notruf in der Einsatzzentrale der örtlichen Polizei ein. Berichtet wurde von einer Kneipenschlägerei, in der die halbe Einrichtung zu Bruch gegangen ist.
Wie dem späteren Pressebericht der Polizei zu entnehmen war, gingen als Folge des Revierderbys zwischen Borussia Dortmund und Schalke 04 gegnerische Fußballfans in der Kneipe aufeinander los.
Die Polizei brauchte eine Stunde, um den Konflikt zu beenden. Dabei musste zur Sicherheit schweres Atemgerät eingesetzt werden, da der gesamte Gastraum mit einer fischähnlichen Dunstwolke kontaminiert war. Es gab mehrere Festnahmen, darunter auch zwei angesehene Geschäftsleute aus der Stadt.

Zukunftsthemen

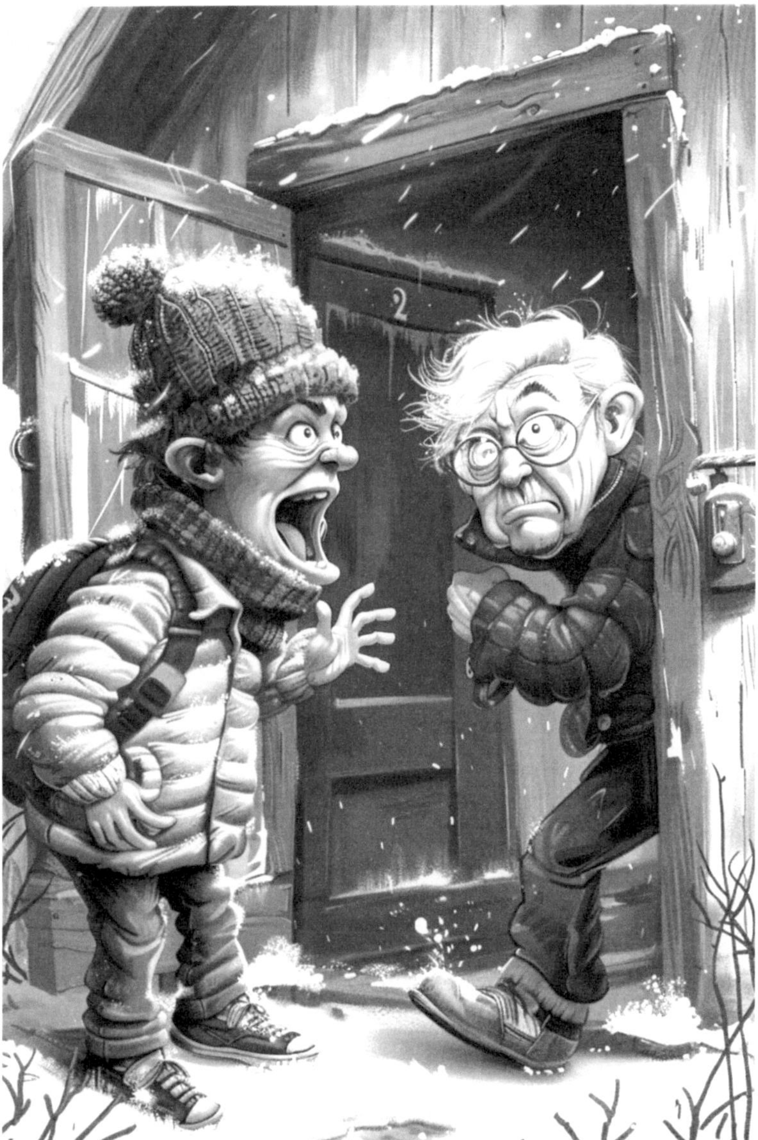

Sammlung für den Klimaschutz

Der Klimaschutz gehört zu den zentralen Herausforderungen unserer Zeit. Alle gesellschaftlichen Bereiche sind aufgefordert, ihre Aktivitäten stärker klimaschonend auszuüben.
Staatliches Geld fließt seit langem in diverse Projekte zur Unterstützung dieses wichtigen Anliegens.
Doch der Staat kann es allein nicht lösen. Weltweit braucht es private Initiativen, um den Klimaschutz voranzubringen.
Und tatsächlich wächst nach und nach die Einsicht in weiten Kreisen der Bevölkerung, dass mehr getan werden muss.
Eine erst kürzlich erfolgreich durchgeführte bundesweite Sammlung für den Klimaschutz dokumentiert eindrücklich, dass immer mehr Menschen bereit sind, sich auch persönlich einzuschränken, um den Klimaschutz aktiv zu fördern. Hier einige Beispiele von Sammlungsinitiativen und ihren eindrucksvollen Erfolgen in der bundesdeutschen Bevölkerung.

1. Beispiel
Es klingelt an einer Haustür.
„Guten Tag, ich sammle für den Klimaschutz."
„Aha… Und sammeln Sie gerne?"
„Ja, natürlich…. Das ist doch wichtig!"
„Gut. Dann sind Sie bei mir genau richtig. Wenn Sie sammeln wollen, gehen Sie direkt um die Ecke in meinen Garten. Dort liegt das ganze Laub auf dem Rasen. Alle Blätter, die Sie dort finden, können Sie sofort sammeln. Und den Müll, der da liegt, können Sie auch mitnehmen."
Rumms! Die Tür fällt wieder ins Schloss.

2. Beispiel
„Guten Tag, ich sammle für den Klimaschutz."
„Na, da könnte ja nun wirklich jeder kommen. Zeigen Sie mir mal Ihren Dienstausweis!"

„Hier, bitteschön."
„Und den Personalausweis."
„Natürlich, hier..."
„Sind Sie verheiratet?"
„Ach so, ja…. hier ist meine Heiratsurkunde."
„Und Corona?"
„Wie... Corona?"
„Na, wann Sie zuletzt geimpft worden sind."
„Das habe ich jetzt nicht dabei."
„Dann tut es mir leid."
Rumms! Die Tür fällt ins Schloss.

3. Beispiel

„Guten Tag, ich sammle für den Klimaschutz."
„Soso… Das wird ja immer schöner! Wer schickt Sie eigentlich? Herr Scholz? Das mit dem Klima ist doch nur ein Vorwand!"
„Äh, nein… denken Sie nur einmal daran, wie viele feuchtwarme Tage wir im vergangenen Jahr hatten."
„Verlassen Sie sofort mein Grundstück, sonst zeige ich Ihnen, wie feuchtwarm das Klima in meinem Wischeimer ist!"
Rumms! Die Tür wird zugeschlagen.

4. Beispiel

„Guten Tag, ich sammle für den Klimaschutz."
„Sie sammeln noch?! How dare you! Was fällt Ihnen ein? Es ist fünf vor zwölf und Sie sammeln noch…!
Herta…, komm mal eben... hier sammelt noch einer für den Klimaschutz!
Hören Sie auf mit Sammeln! Packen Sie lieber an!"
Rumms! Die Tür wird zugeschlagen.

Beispiel
„Guten Tag, ich sammle für den Klimaschutz."
„Aha… einen Moment bitte. (Ruft) Günter, wo sind die Sandsäcke? Einen Moment, mein Mann kommt gleich."

5. Beispiel
„Guten Tag, ich sammle für den Klimaschutz."
Keine Reaktion. Der Blick geht ins Leere.
„Guten Tag, ich sammle für den Klimaschutz. Sie schauen nur? Ich sammle für den Klimaschutz. Haben Sie mich verstanden?"
Die Angesprochene hebt den Kopf.
„Erwachet! Ja, auch Du…. Hab' Mut und Du wirst erlöst. Ich höre Deine Worte und mein Karma umgibt Dich…."
„Äh... ja,... ich muss dann auch weiter... sammeln..."

6. Beispiel
„Guten Tag, ich sammle für den Klimaschutz."
„Na, das wird ja endlich mal Zeit. Erst gestern habe ich… Moment... vorgestern war es… nein doch gestern... erst gestern habe ich zu dem Wilfried gesagt... Wilfried, habe ich gesagt... wir haben nur Regen... seit drei Wochen…
Letztes Jahr hatten wir noch Klima... alles weg…
Na, das ich aber schön, junger Mann, dass Sie dat ma in die Hände nehmen. Warten Sie, ich gebe Ihnen ein Stück Kuchen. Mögen Sie Pflaumenkuchen? Ganz frisch… Ich muss nur mal den Herd abstellen. Wenn mich die Guste vorhin nicht aufgehalten hätte… Kommense kurz rein."
Die Tür fällt ins Schloss.

7. Beispiel
„Guten Tag, ich sammle für den Klimaschutz.
Oh… Sie haben ja nichts an… also jedenfalls nicht viel…
Soll ich lieber später noch mal…?"

„Hey hey... was bist Du denn für einer? Nicht so schüchtern. Komm rein! Klimaschutz sagst Du? Ich zeig Dir was Besseres…
na komm schon…!“
Die Tür fällt ins Schloss.

8. Beispiel

„Guten Tag, ich sammle für den Klimaschutz. Ach Moment... sind Deine Eltern zu Hause?“
„Meine Mama hat gesagt, ich soll niemandem die Tür aufmachen. Das sind alles Verbrecher.“
„Bist Du allein?“
„Meine Mama hat gesagt, ich darf nicht sagen das ich allein bin.“
„Ach so … gut. Ich habe hier eine kleine Broschüre. Gibst Du die bitte Deinen Eltern?!“
„Meine Mama hat gesagt, ich soll nichts annehmen.“
„Na, dann werfe ich sie hier in den Briefkasten. Geht gar nicht, der ist ganz voll...“
„Vorhin war der von der Versicherung da. Der hat da was reingetan. Da hinten kommt meine Mama.“
„Was machen Sie hier auf meinem Grundstück? Sehen Sie zu, dass Sie weiterkommen!“
„Guten Tag, ich sammle für den Klimaschutz.“
„Ja ja, das sagen sie alle. Verschwinden Sie, sonst rufe ich die Polizei!“
Rumms! Die Tür wird zugeschlagen.

9. und letztes Beispiel

„Guten Tag, ich sammle für den Klimaschutz.
Oh… sind Sie nicht Donald Trump? Gehören Ihnen etwa diese Immobilien hier?“
„Ganz recht. Hör mal zu: Wenn ihr hier in Europa ein Klima wollt, dann müsst ihr dafür bezahlen. America first! In allen

Staaten von Amerika haben wir kein Klima und ich bin als einziger in allen Staaten gewesen. Germany hat die letzten 70 Jahre vom Klima Amerikas gelebt."

„Nun ja, so habe ich das noch gar nicht gesehen, aber wenn Sie das sagen…"

„Ganz recht. Ich bekomme von Dir 2% Deines Bruttosozialprodukts für die letzten 70 Jahre. Meine Anwälte werden das ausrechnen und ich schicke Dir eine Rechnung."

Wahlentscheidung

In regelmäßigen Zeitabständen wird der Wähler in Deutschland zu den Wahlurnen gerufen. Was einerseits gut ist, weil wir eine gelebte Demokratie sind, verursacht andererseits bei vielen von uns ein nicht unerhebliches Entscheidungsproblem. Schließlich müssen wir eine Auswahl treffen, die bei vielen als das kleinste Übel angesehen wird. Woher aber die Erkenntnisse nehmen?
So ist das Interesse an den täglichen Nachrichtensendungen besonders vor Wahlen groß. Die langjährigen Newssendungen der Fernsehanstalten verzeichnen besonders in dieser Zeit hohe Einschaltquoten.
Und so lauschen die Lebensgemeinschaften in Deutschland in der Regel allein oder gemeinsam mit großem Interesse, was sich in der Welt tut, um sich ein umfassendes Bild der Parteienlandschaft zu machen. Wie auch sonst soll man die schwierige Entscheidung treffen, wo bei der nächsten Wahl das Kreuzchen anzubringen ist. Das so erworbene Wissen wird anschließend an den Partner weitergegeben.
Beispiele gefällig?

ER:
„Mausi, die Tagesschau kommt... Möchtest Du sie sehen?"
SIE:
„Ach, ich habe vor … vorletzte Woche doch erst eine Tagesschau gesehen. Ist doch immer das Gleiche. Außerdem muss ich gerade den Salat schnippeln. Ich höre durch die geöffnete Küchentür mit, ja…?!"

Kurz darauf ...
„Was berichten Sie denn gerade?"
„Ach, Bundeskanzler Scholz nimmt Stellung zu den aktuellen Gesetzesvorhaben der Bundesregierung. Interessiert Dich das?"
„Ja, muss ich mal hinsehen, weil der hat doch immer einen viel

zu engen Anzug an. Schau doch... jetzt wieder!“
„Es soll bald wieder eine Erhöhung beim Bürgergeld geben.“
„Und die Hose... siehst Du die Hose? Die ist doch viel zu kurz!“
„Na ja, Olaf Scholz kommt halt aus Hamburg. Und da haben sie mit Hochwasser eben ihre eigenen Erfahrungen.“
Sie wendet sich wieder der Vorbereitung des Abendessens zu.

„Jetzt berichten sie, wie Wirtschaftsminister Habeck einen neuen Windpark einweiht.“
„Ist das nicht der, der mit der Lena zusammen ist? Ich komme auf den Nachnamen nicht. Doch... jetzt, wo ich ihn sehe...“
„Annalena meinst Du!“
„Ist das der Nachname?“
„Nein, der Nachname ist Bärlauch. Annalena Bärlauch. Aber die sind gar nicht zusammen, auch wenn das immer so aussieht. Die arbeiten nur zusammen.“
„Na ja … was nicht ist, kann ja noch werden...“

„In Bayern ist wieder Hochwasser und Starkregen.“
„Ach ja, sehe ich. Schau mal, so einen Garten wie die hätte ich auch gern... ohne das Wasser natürlich.“
„Schultes haben gesagt, das kommt zu uns auch.“
„Ach, die können das gar nicht wissen. Die sehen gar keine Tagesschau. Immer, wenn die uns einladen, ist es vor 20 Uhr.“

„Jetzt kommt so eine politische Talkshow. Ich lasse mal laufen.“
„Worüber diskutieren die denn?“
„Sahra Wagenknecht hat eine neue Partei gegründet.“
„Was?? Schon wieder? Hatte die nicht erst …“
„Ja sicher, aber die war ja politisch links und gleichzeitig rechts.“
„Und was ist sie jetzt?“
„Jetzt ist sie auch links und rechts gleichzeitig und dazu noch basisliberal.“

„Basisliberal? Was ist denn das?“
„Ich glaube, damit will sie sagen, dass ausnahmsweise auch andere Meinungen in der Partei akzeptiert werden. Also außer ihrer Meinung. Außerdem kann jetzt jeder sein Geschlecht frei wählen.“
„Also das macht mich ja fassungslos, als ob es da was zu wählen gäbe. Wo kommen wir denn da hin?
Aber bieten die anderen Parteien nicht auch das Gleiche an?“
„Doch, schon … Nur ohne Sahra Wagenknecht.“
„Stimmt, da ist ein Unterschied. Wie viele Parteien haben wir jetzt eigentlich?“
„Ich weiß gar nicht. Ich habe den Überblick verloren.“
„Trägt sie wieder so ein Kleid?“
„Ja.“
„Warum trägt sie eigentlich immer Kleider? Bei ihrer Figur könnte sie doch auch mal eine Hose anziehen. Und die Haare sind immer so streng zurückgekämmt. Sie achtet ja auch so auf ihre Linie.“
„Du, ... darum geht es hier jetzt nicht.“
„Gründet sie eigentlich noch weitere Parteien?“
„Warum sollte sie noch weitere Parteien gründen?“
„Na ja, ich frage mich, wann sie sich mal um ihren Mann kümmert bei den vielen Parteigründungen. Das macht doch bestimmt Arbeit.“
„Also sie wird bestimmt eine neue Partei gründen, wenn eine andere Partei wieder etwas Neues anbietet und sie das aber meint besser zu können. So funktioniert das doch.“

„Sag' mal, willst Du nicht auch eine Partei gründen? Du gehst doch bald in den Vorruhestand und dann hast Du nur noch den Garten. Was machst Du denn dann den ganzen Tag?
Außerdem würde der Schulte ganz schön gucken, wenn Du mal eine Partei gründest. Du kannst das doch auch. Eine Hundeschule hast Du doch auch mal gegründet, als wir unseren

Bernhardiner noch hatten."
„Jaaa… schon. Aber es gibt doch schon alles und ich weiß immer weniger, was ich wählen soll."
„Kann sich eine Partei nicht mal für Hunde einsetzen?"
„Das gibt es schon. Sahra Wagenknecht will auch was mit Tierwohl. Hat sie gesagt. Irgendwann mal."
„Schade. Dann kannst Du das nicht mehr machen. Nimm doch Kleingärten."
„Ja, das könnte ich machen. Alle unsere Gartennachbarn würden bestimmt mitmachen. Und man könnte fordern, dass Obst und Gemüse nur noch aus Kleingärten auf den Markt kommen darf."
„Warte mal, ist das dann aber nicht Kommunismus? Dann hat das bestimmt die Sahra Wagenknecht auch bereits in ihrem Programm."
„Ach, lass sie ruhig. Die kann doch gar nicht mitreden. Die hat bestimmt keinen Kleingarten."
„Du könntest Dich auch für Arbeiter einsetzen. Ich glaube, da gab es mal eine Partei, die hat das eine Zeit lang gemacht. Hilf mir mal, wie hieß die doch gleich… und gibt's die noch?"
„Moment mal…. Für Arbeiter? Da erinnere ich mich nicht dran, dass da mal einer für die was gemacht hat. Muss ich mal den Schulte fragen. Der wählt übrigens die FDP."
„Wie heißen die?"
„F-D-P. Du kennst doch den Lindner."
„Ist das der Gutaussehende? Na, da habe ich auch schon mal überlegt..."
„Deswegen wählt der die nicht. Der Schulte hat mir mal gesagt, er wählt die FDP, weil man in dieser Partei seine Meinung auch immer mal wieder ändern kann. Manchmal jede Woche. Das findet er gut."
„Sonst würde ich den Söder wählen. Der ist so dynamisch und kann durchgreifen. Und singen kann der auch."
„Nein, den kannst Du nicht wählen. Wir wohnen nicht in Bayern."

„Dann dürfen sich die Politiker nicht aufregen, dass so wenige zur Wahl gehen. Wenn man noch nicht einmal alle überall wählen kann. Ich überlege mir das noch mal mit der Sahra Wagenknecht. Was hat die eigentlich früher gemacht, als sie noch keine Parteien gegründet hatte?“

„Da war sie bei den Linken.“

„Igitt… da schüttelt es mich direkt. Das sind doch die, die immer irgendwo was zu meckern haben und total schlechte Laune verbreiten. Wenn man da einen reden hört, ist gleich der ganze Tag versaut. Die kann ich nicht wählen. Kein Wunder, dass die Wagenknecht da weg wollte.“

„Hier, die machen gerade eine Umfrage, wen die Leute wählen. Was sagt der da …? SPD? Na, das kommt ja gar nicht in Frage.“

„Wofür sind die?“

„Ja, wie soll ich Dir das erklären. Also das ist eine sehr alte Partei...“

„Eine Partei für Alte? Nein, das wähle ich auch nicht. So alt bin ich ja noch nicht.“

„Dann kannst Du nur noch die Grünen nehmen. Aber das ist die Partei für die reichen Leute.“

„Wieso denn das?“

„Ich habe mich da umgesehen. Alle, die die wählen, haben Solardächer, neue E-Autos, Wärmepumpen und neu sanierte Häuser. Das können wir uns nicht leisten.

„Aber wieso nennen die sich >>Die Grünen<<? Sind die Autos und die Dächer alle grün?“

Oder Du nimmst die CDU. Die sind christlich, sozial, konservativ, unternehmerfreundlich, demokratisch, wertorientiert, freiheitlich, heimatverbunden und übergewichtig.“

„Nee… das ist mir zu viel. Da weiß ich nicht, ob ich mit allem einverstanden bin.“

„Und was willst Du jetzt machen?“

„Ach, ich setze die nächste Wahl aus und warte, bis Du Deine

Partei gegründet hast. Es bleibt einem ja nichts anderes übrig. Du kannst ja keinen mehr wählen heute. Ich weiß auch schon, wie ihr euch nennen könntet. Nennt euch einfach >>Freier Club der Kleingartenwähler<<. Das lässt sich gut abkürzen: FCKW."

Geheimagent bei C & A

Das Café in unserer Kleinstadt ist stets gut besucht. Viele sehr unterschiedliche Menschen treffen sich darin zum Verweilen oder einfach nur, um mit Freunden ein paar entspannte Stunden zu verbringen. Auch der kaufmännische Angestellte Siegfried Grube, ein kleiner gedrungener Mann mit einer unpassenden Hornbrille, gehört zu ihnen. Wie so oft saß er an einem trüben Dienstag in einer Ecke des Cafés und trank eine heiße Schokolade.

An einem der Tische ihm schräg gegenüber saß an diesem Tag ein hagerer Mann mit Hut und las die Tageszeitung bei einer Tasse Tee. Er war Siegfried sofort aufgefallen, denn er musste erstmals im Café gewesen sein. Außerdem glaubte Siegfried ihn zu kennen. Durch seine Hornbrille beobachtete er jede Bewegung an diesem Tisch. Irgendetwas schien ihm nicht klar zu sein. Jedenfalls interessierte ihn der Mann mit Hut. Nach einer ganzen Weile stand er auf und ging direkt zu ihm hinüber.
„Entschuldigung, ich war mir erst nicht sicher, aber ich glaube, wir kennen uns“, eröffnete er das Gespräch.
Der Mann mit Hut blickte kurz von seiner Zeitung hoch und setzte die Lesebrille ab. Erst zögert er einen Moment. Dann zog er die Mundwinkel zu einem gequälten Lächeln hoch und antwortete schließlich:
„Siegfried… oder? Siegfried Grube.“
Der kleinere Mann mit Hornbrille lächelte zurück.
„Ich wusste es doch. Berthold Joos, nicht wahr? Wir kennen uns aus der Schule.“
Joos nickte und deutete mit einer Handbewegung auf die freien Sessel an seinem Tisch. Siegfried Grube nahm Platz.
„Mensch Berthold, was machst Du denn so inzwischen? Warte mal eine Sekunde, ich muss erst mein Hörgerät einsetzen. Höre nicht mehr gut.“ Siegfried wühlte in seiner Manteltasche und

drückte schließlich etwas in sein Ohr. Noch während er mit dem Hörgerät beschäftigt war, antwortete Berthold Joos etwas abfällig.
„Ach, ich bin bei C & A".
Das Hörgerät von Siegfried saß nicht passgenau und rutschte wieder aus der Ohrmuschel heraus, sodass Siegfried ihn scheinbar nicht verstanden hatte. Darum entschuldigte er sich kurz: „Moment, entschuldige, nochmal bitte", während er weiter mit dem Hörgerät hantierte.
„Ich bin bei C & A", wiederholte Berthold nun derart lauter, dass es auch an den Nebentischen deutlich zu verstehen war.
Einige der anderen Gäste drehten sich verwundert zu den beiden um.
Währenddessen war Siegfried noch immer mit seinem Hörgerät beschäftigt und rückte es in seinem Ohr hin und her. Es wollte heute irgendwie nicht passen. Das war ihm etwas peinlich, deshalb nickte er verlegen lächelnd zu Berthold herüber. Er war sich nicht sicher, ob er Berthold richtig verstanden hatte.
Was er verstanden hatte, wohlgemerkt ohne Hörgerät, war durchaus etwas mit „C" und vielleicht auch „A", aber er war sich nicht sicher. So suchte sein Gehirn nach Dingen, die es kannte und damit verknüpfen konnte. Wir kennen das alle. Wenn wir etwas nicht genau verstehen, hören wir etwas, was wir entweder hören wollen oder was aufgrund unseres Sprachschatzes von unserem Gehirn angezeigt wird. Als Konsument von Krimis und Actionfilmen verstand Siegfried nicht „C & A", sondern „CIA" - die Abkürzung, die für den amerikanischen Auslandsgeheimdienst steht.
Um die weiterhin unangenehme Fummelei an seinem Ohr zu überspielen, antwortete er kurz
„Oh, das ist ja hochinteressant, beim CIA..." Dabei blickte er zu Berthold hinüber.
Der wiederum bekam diese Antwort nicht mit, weil er gerade von einem Gast am Nebentisch aufgefordert wurde, er möge

bitte etwas leiser sprechen. Er sei hier schließlich nicht allein. Die Kommunikation zwischen Siegfried und Berthold war bei diesem entscheidenden Satz folglich gestört. Jedoch merkten sie das nicht. Vielmehr waren beide in dem Glauben, ihre Aussage über den Job von Berthold sei verstanden worden.
Fortan nahm also Siegfried an, dass sein alter Schulfreund Berthold, der in der Herrenabteilung des großen Kaufhauses C & A arbeitete, ein Mitarbeiter des amerikanischen Geheimdienstes CIA sei. Berthold wiederum hatte die Auskunft über seine Arbeitstätigkeit deutlich genug von sich gegeben und demzufolge keinen Grund anzunehmen, er sei nicht richtig verstanden worden.
Ihre weitere Unterhaltung drehte sich nun um Bertholds Arbeits- und Lebensverhältnisse durch seine Tätigkeit bei einem Herrenausstatter, der mit einem Geheimdienst verwechselt wurde.

Siegfried, dessen Hörgerät nun am richtigen Platz saß, nickte seinem Gesprächspartner mit einer Mischung aus Bewunderung und Anerkennung zu.
„Wow – was für ein Job! Da musstest Du bestimmt eine knallharte Ausbildung durchlaufen, die nicht jeder geschafft hatte."
Berthold nickte vielsagend.
„Das stimmt, wir hatten einige, die durchgefallen waren. Aber die waren auch selber schuld. Konnten noch nicht einmal die Grundrechenarten. Ich war ja auch Seiteneinsteiger. Aber sie mussten mich nur kurz einweisen. Ich war bereits am ersten Tag allein unterwegs."
„Allein unterwegs…?" Siegfried staunte weiterhin.
„Und nach der kurzen Einweisung warst Du schon voll mit richtig spannenden Fällen konfrontiert?"
Berthold nickte.
„Das kann man so sagen, ... das war schon spannend zu sehen, ob die Hose bei einigen nicht platzt, so wie sie gespannt hat. Du glaubst nicht, mit was für Leuten ich zu tun habe."

Siegfried lachte kurz auf.
„In der Hose war schließlich eine große Kanone drin. Wie auch immer, Du hattest ja schon früher Humor. Aber so ein Job muss doch fürchterlich anstrengend sein?!"
„Ja, sicherlich. Acht Stunden stehen, manchmal noch mehr. Und immer den Deal im Blick. Das musst Du schon drauf haben."
Siegfried nickte anerkennend.
„Hm… doch aber nicht nur das. Du bist doch bestimmt auch mal länger von zu Hause weg und hast Nachteinsätze."
Berthold überlegte kurz.
„Nachteinsätze? Ja. Die habe ich. Jeden Donnerstag. Da gehen wir zum Kegeln und anschließend zu Uschi in die Bar."
Beide lachten.
Siegfried wollte noch mehr wissen.
„Jetzt mal im Ernst: Wie oft musstest Du schon Waffen einsetzen?"
Berthold antwortet nach kurzer Überlegung:
„Doch... einige Male. Also erst bin ich mal mit einem Kleiderbügel angegriffen worden, da kam zum Glück der Geschäftsführer zu Hilfe. Aber ich hatte auch meine Waffe dabei."
„Ah ja. Und – was hast Du gemacht?"
„Du kennst doch diese kleinen Deo-Flaschen. Fußdeo. Für frische Füße. Die haben wir immer dabei, weil die Füße frisch bleiben sollen, wenn man den ganzen Tag auf den Beinen ist. Ich habe ihm davon eine ganze Füllung ins Gesicht gespritzt."
„Oh Gott! Hat er überlebt?"
„Das schon. Der Geschäftsführer ist ja dazwischengegangen. Nachdem ihn das Deo außer Gefecht gesetzt hatte, habe ich ihm erst noch einige mit dem Kleiderbügel übergezogen, bis, wie gesagt, der Geschäftsführer dazwischengegangen war."

Siegfried war ob der spannenden Erzählung förmlich gefesselt.
„Puh... Die großen Fälle darfst Du sicher nicht erzählen. Die unterliegen doch ganz bestimmt der Geheimhaltung. Das verstehe

ich natürlich. Bist Du auch mal verletzt gewesen nach einer Auseinandersetzung?"
„Ja. Das war aber eigentlich ohne Fremdeinwirkung. Mir ist ein Garderobenständer auf den Fuß gefallen. Der wurde ganz blau. Da habe ich dann 14 Tage blau gemacht. War eigentlich nicht weiter schlimm, aber ich hatte danach erst mal die Nase voll."
Siegfried nickte verständnisvoll.
„Wo Du doch früher so viele Probleme in der Schule hattest. Bist auch mal sitzen geblieben. Einige Lehrer sind ja schlicht verzweifelt. Aber ich wusste schon immer, dass aus Dir mal richtig was wird. Du hast sicher inzwischen auch gute Aufstiegsmöglichkeiten?"
„Das stimmt. Ich übernehme ab nächsten Monat zusätzlich… ich betone zusätzlich ... auf ausdrücklichen Wunsch der Geschäftsleitung ... auch die Miederwarenabteilung.
Und letzte Woche habe ich ganz allein die Unterhosen meines Kollegen kalkuliert. Da meinte mein Chef, so hätte das bisher noch keiner gemacht."

Von hier an kamen Siegfried erste Zweifel, ob die Antworten von Berthold zu seinen Fragen passten.
„Was Dein Chef da zu Dir gesagt hat, war aber ein Lob, oder?"
Berthold überlegt kurz.
„Na ja, ich bin nicht sicher. Ein verstecktes Lob vielleicht. Manchmal sagt er auch, ohne mich wäre hier im Hause vieles ganz anders. Da muss ich erst überlegen, wie er das meint."
Siegfried starrte ins Leere. Man merkte ihm an, dass er die Unterhaltung für sich verarbeitete.

„Aber sag' mal, was machst Du eigentlich beruflich?", wollte Berthold nun von Siegfried wissen.
Der winkte ab und seufzte kurz.
„Betten. Ich habe nur mit Betten zu tun."
„Betten???" Berthold grinst verschmitzt. Seine Pupillen

weiteten sich.
„Du bist ja ein ganz raffinierter. Und das sagst Du erst jetzt. Bist im horizontalen Gewerbe.“
Siegfried hebt den Zeigefinger.
„Ach was. Ich verkaufe Betten bei Galeria Kaufhof. Das ist nicht so spannend wie bei Dir. Ich mache das auch noch nicht so lange. Aber in meinem letzten Job sind mir die Füße eingeschlafen. Das war nur noch doof gewesen.“
„Was war denn Dein letzter Job?“
„Ich war bei C & A.“

Abschließend etwas Philosophie

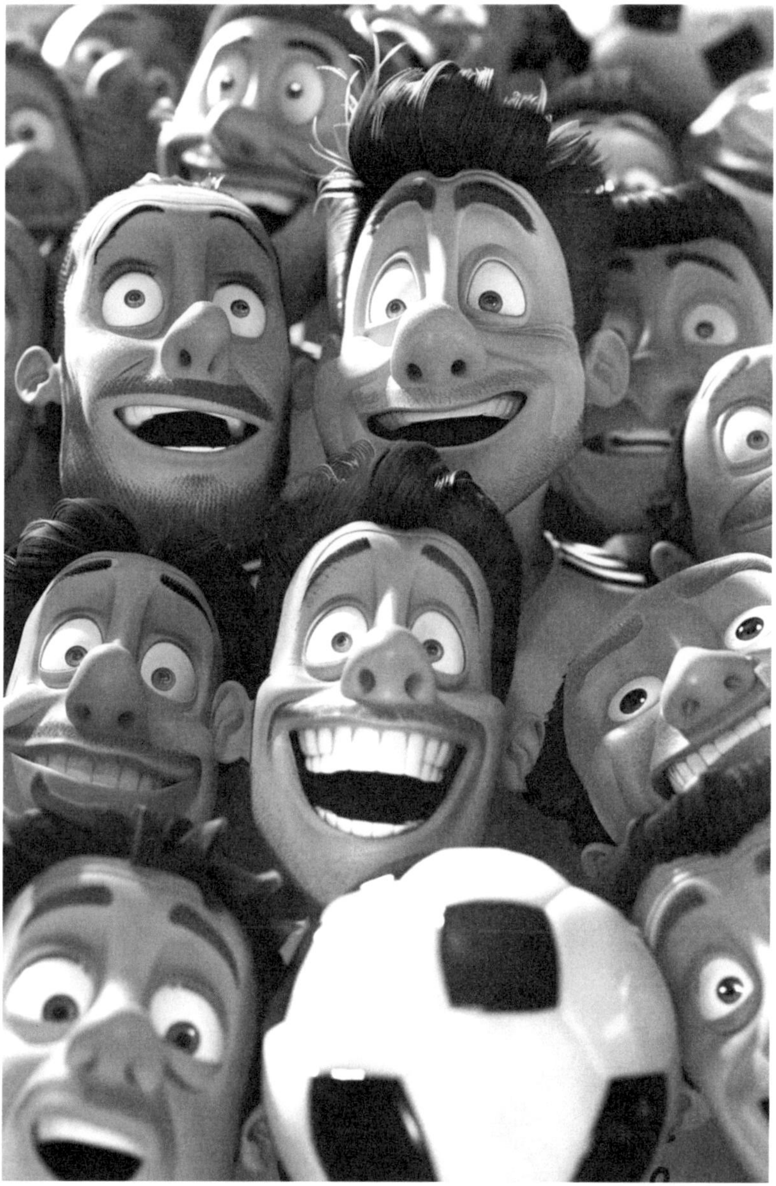

Die Kunst der Verdrängung

Es ist ein unangenehmes Gefühl, nicht mehr dazuzugehören. Und je älter ich werde, desto mehr beschleicht es mich. In dem Maße, in dem die gesellschaftliche Mehrheit uns Älteren nur noch bedingte Alltagstauglichkeit zugesteht, fühlen wir uns verdrängt. Aber wir verdrängen auch selbst. Zum Beispiel unser Alter. Viele tun es. Andere umgeben sich mit modernen Thesen: Wir waren noch nie so gesund und voller Lebenserwartung. Ich bin nur mit jüngeren Menschen zusammen und wir genießen es. „50“ ist das gefühlte „40“ und so weiter. Aber es kommt ja wieder. Es ist ein schleichender Prozess. Vieles deutet darauf hin, dass wir ihn immer stärker erleben. Der eine mehr, der andere weniger. Es lässt sich in der Summe an vielen alltäglichen Dingen festmachen, denn wir verdrängen permanent.

Nehmen wir das Alter. Wer hat sich nicht schon einmal alt gefühlt? Früher bereits, ohne es zu sein. Vielleicht als Gag oder um sich wichtig zu machen. Dabei ist das Alter doch nur eine Zahl. Für viele allerdings eine unangenehme, weshalb mit dem Alter schon mal gern geflunkert wird. Wer von uns möchte nicht gern 10 Jahre jünger sein? Aber warum?
Klar, unser Körper zeigt uns das Alter und lässt uns zwangsläufig feststellen, was wir nicht mehr so können wie früher. Da nützt es auch nichts, körperliche Defizite mit einer Portion Altersmilde zu übertünchen.
Sie sind da – die Boten des Alters. Und wir werden älter als unsere Vorfahren – und damit auch länger konfrontiert mit eintretenden Unzulänglichkeiten an Körper und Geist. Alternativlos? Eigentlich schon. Möchten Sie stattdessen früh und gesund sterben? Sicher nicht.
Also dann: Dagegenhalten lautet die Devise. Sportliche Aktivität, gesunde Ernährung und Training des Gehirns stehen permanent auf dem Programm und helfen zu verdrängen. Es vermittelt

uns auch eine Wichtigkeit und Selbstachtung, wenn wir ständig gefordert sind. Aber das sind wir ohnehin.

Die Digitalisierung fordert uns täglich heraus und wir versuchen, ihr standzuhalten. Es bleibt uns auch nichts anderes übrig. Analog weiterzuleben ist eine Alternative, die uns ausgrenzt. Besonders die ältere Generation tut sich damit schwer. Sind sie auch nur bedingt digitalisierungsfähig? Was bedeutet eigentlich die flächendeckende Digitalisierung? Fortschritt? Vordergründig ja, aber auch wirklich?
Nicht jeder Fortschritt ist nützlich. Wenn wir Bomben entwickeln, die immer wirkungsvoller sind, ist das kein Fortschritt, zumindest kein nützlicher.

Was von den Unternehmen und Behörden mit der Digitalisierung als „Erfolg" verkauft wird, ist dabei in Wahrheit der immer wieder aufkommende Versuch, die eigene Arbeit des Unternehmens auf den Kunden abzuwälzen und somit die Arbeit für das Unternehmen zu erleichtern. Personaleinsparung durch Servicewegfall. Wozu brauche ich ihre Apps und digitalen Kundenkonten in allen Lebensbereichen, die mich betreffen? Natürlich nur, damit die Arbeit auf mich abgewälzt wird, damit Unternehmen und Behörden ihre Geschäftsstellen und Filialen schließen können. Sie sparen dadurch Geld und den Service und drücken mir ihre Arbeit auf. Und verstehe ich den Umgang in ihrer digitalisierten Welt nicht, dann kann ich sie immer noch anrufen… halt! Das kann ich eben nicht mehr! Das Telefonieren haben sie schließlich auch eingestellt. Auch eine Form der Verdrängung. Merke: Arbeit auf andere zu verdrängen reduziert den eigenen Aufwand. Kundenkontakte gibt es ausschließlich digital. Wer telefonieren möchte, braucht Termine dafür, die sich nur digital einrichten lassen. Ein Teufelskreis.
Auf die nutzbringende Idee der Verdrängung sind inzwischen auch die Ärzte gekommen. Warum mit Patienten telefonieren,

wenn die sich doch über eine digitale Plattform einen Termin geben lassen können. Eigentlich brauchen sie nur einen telefonischen Ratschlag, aber den gibt es nun einmal nicht mehr. Weil niemand ausschließlich fürs Telefonieren bezahlt werden soll. Gut – ich kann auch direkt zum Arzt gehen oder fahren und mich ohne Termin dort so lange hinsetzen, bis ich an der Reihe bin. Bis dahin hat man mich verdrängt, nur weil ich der Digitalisierung nach ihren Regeln nicht folge. Immerhin kann ich noch sagen, ich sei ein Notfall und konnte deshalb den Termin nicht buchen. Das klappt jedoch nur so lange, bis der Arzt kommt.

Von der Straße will man uns Ältere auch verdrängen. Sind wir nur noch bedingt verkehrstauglich? Die Versuche, Senioren zu zusätzlichen Fahrprüfungen oder besser gleich zur Abgabe des Führerscheins zu nötigen, kommen immer wieder auf. Dabei sind es in erster Linie riskant fahrende Führerscheinanfänger, die Unfallschwerpunkte bilden. Weniger die routinierten Senioren. Und ist es mal einer der Älteren, wird daraus gleich eine Sensationsnachricht gefertigt und neuerliche Forderungen für Sanktionen an alle ab 50, 60 oder 70 folgen auf dem Fuße.

Geht es aber um die Erhöhung der Lebensarbeitszeit, kann es nicht weit genug gehen. Dass die Arbeitskraft im Laufe des Lebens nachlässt und der eine oder andere nur noch bedingt arbeitstauglich sein könnte, wird in der Politik mitunter nur am Rande behandelt und sonst verdrängt. Wer nicht mehr kann, wird eben verdrängt.

Eine Verdrängung findet auch bei Social Media statt. Kann mir egal sein, wird manch einer denken. Selbst etliche Promis machen da nicht mit. Folgen Sie auch nicht mehr den ganzen Social Media - Angeboten? Von Facebook über Instagram, TikTok oder X? Warum auch? Echte Freunde sind doch eigentlich mehr wert. Warum gibt es keine Plattform für die Älteren? Oder wird sie

nur nicht wahrgenommen?
Früher haben wir unsere Eltern nicht verstanden oder die uns nicht. Man lebte halt in einer anderen Welt. Heute verstehen wir unsere Kinder und Enkel nicht mehr, obwohl wir mit einer gehörigen Portion Toleranz und alternativem Denken weit mehr mitbringen als die Generation unserer Eltern und Großeltern. Sie wären heute nicht mehr vorstellbar. Wir aber hoffen darauf, nicht auch noch von ihnen verdrängt zu werden. Die Hoffnung stirbt zuletzt.

Fußballinterview

Fußball ist in Deutschland weiterhin die Sportart mit den meisten Anhängern, aber auch den kompliziertesten Regeln. Auch wenn viele von uns in ihrer Jugend Fußball gespielt haben – so richtig verstanden hat es keiner von uns. Abseits oder nicht, Handspiel oder nicht, Vorteilregelungen, Coachingzonen, gelbe Karten für Zuschauer und vieles mehr an undurchschaubaren Spielregeln lässt immer wieder viele Fragen offen und manchen Fußballfan ratlos zurück. Aktuell ist es die Regel des Handspiels, die keiner mehr versteht. Und auch, warum der Videoassistent nur eingreift, wenn der Schiedsrichter etwas entscheidet. Wie gut, dass Interviews mit den Hauptbeteiligten nach dem Spiel für Aufklärung sorgen und alle Zweifel beseitigen helfen. So auch in dem Derby zwischen den Oberbezirksligisten des VFL Arminia Blasevoll und den Flankengöttern vom 4. FC Wumpe.

Nach einem ereignisreichen Spiel interviewt ein kundiger Reporter die herausragenden Spieler beider Mannschaften.

- *Reporter:*
- „Achtung, sind wir auf Leitung…? Moment noch… Hallo...? Hallo...? Ja... jetzt. Also dann... Meine Damen und Herren, bei mir ist jetzt der zentrale Mittelläufer des VFL Arminia Blasevoll, Benno Witschke. Herr Witschke, wie sind Ihre Eindrücke so kurz nach dem Schlusspfiff?“

- *Benno Witschke:*
- „Ja, gut… so kurz nach dem Schlusspfiff kann man eigentlich noch nichts sagen. Ich glaube, wir haben alles reingelegt, aber im Augenblick muss man einfach mehr leisten, um wenig zu bekommen, denn wenn man wenig

leistet, bekommt man nichts. Weißte, was ich meine…? Machste wenig, kriegste auch wenig.“

- *Reporter (zögert etwas):*
- „Ah ja… Eine gekonnt messerscharfe Analyse. So kennen wir Sie, auch abseits des Fußballplatzes. Haben Sie schon eine Erklärung, warum dieses Spiel für Ihre Mannschaft verloren gegangen ist?“

- *Benno Witschke:*
- „Ja gut, habe ich ja eben schon gesagt. Also ich will mal so sagen: Die anderen haben mehr Tore geschossen. Aber man kann es aber auch ganz anders sagen.“

- *Reporter:*
- „Das stimmt natürlich.“

- *Benno Witschke:*
- „Unterbrechen Sie mich nicht! Was wollte ich jetzt sagen…? Weg! Einfach weg…. Hast Du was gefragt? Weißte, was ich meine…?“

- *Reporter:*
- „Sie wollten sagen … Moment…. Vielleicht etwas zu dem Spielverlauf?“

- *Benno Witschke:*
- „Ja gut, ach so … ja... jetzt weiß ich wieder. Also wir hatten extrem Pech und dazu kam noch der gegnerische Schiedsrichter. Der hat doch nur für die anderen gepfiffen. So eine Pfeife! Aber heute muss man ja aufpassen, was man sagt.“

- *Reporter:*
- „Dabei hatten Sie in der 50. Minute die große Chance zur Führung. Wenn Sie sich erinnern, Sie umspielten erst den... äh... den gegnerischen Schiedsrichter, dann stand Ihnen aber ein eigener Mann im Weg und aus Ihrer gefürchteten Bananenflanke wurde eine Kerze. Schildern Sie den Zuschauern doch mal, wie es dazu kam."

- *Benno Witschke:*
- „Na gut, äähh. Ja, das ist richtig. Ich hatte in der 50. Minute die große Chance zur Führung. Wenn ich mich recht erinnere, umspielte ich erst den gegnerischen Schiedsrichter, dann stand mir aber ein eigener Mann im Weg und aus meiner gefürchteten Bananenflanke wurde eine Kerze?"

- Während der Reporter einen Moment lang sprachlos ist,
- tritt ein weiterer Spieler hinzu.
- Es handelt sich um die defensive Allzweckwaffe der Arminen, Rocco Birnbaum.

- *Rocco Birnbaum:*
- „Lass mich doch mal vor. Bin ich schon dran?"

- *Reporter (ist sichtlich überrascht, fängt sich aber schnell):*
- „Wir begrüßen nun Rocco Birnbaum in unserer Runde. Herr Birnbaum, herzlich willkommen. Sie hatten ja zwischenzeitlich den Ausgleich verhindert, indem Sie Ihren Kopf in den Gewaltschuss der Hauptstädter reingehalten haben. Wie haben Sie die Situation erlebt?"

- *Rocco Birnbaum:*
- „Ja, das ist richtig. Ich habe zwischenzeitlich den Ausgleich verhindert, indem ich einfach meinen Kopf in den Gewaltschuss der Hauptstädter reingehalten habe. Soll ich mal zeigen wie…?

- *Reporter:*
- „Vielen Dank, Herr Birnbaum. Ich begrüße nun den Trainer Gustav Flöglein, der soeben dazugekommen ist. Herr Flöglein, wie erklären Sie sich die unerwarteten Probleme Ihrer Mannschaft?"

- *Trainer:*
- „Ja gut…, man hat ganz klar gesehen, dass wir viel zu wenig die zweiten Bälle bekommen haben…."

- Benno Witschke (unterbricht):
- „...das stimmt. Ich hatte immer nur einen Ball."

- *Trainer:*
- „...wir hatten sie die meiste Zeit eigentlich da, wo wir sie hin haben wollten, aber dann haben sie die zweite Luft bekommen."

- *Rocco Birnbaum:*
- „...soll ich jetzt noch mal zeigen, wie ich meinen Kopf da reingehalten habe…?"

- *Reporter:*
- „Kleinen Moment. Eben nicht, Herr Birnbaum. Herr... Herr Flöglein, Ihr Plan war doch auch, den Gegner mit seinen schnellen Spielern immer wieder ins Abseits laufen zu lassen. Warum hat das nicht geklappt?"

- *Trainer:*
- „Ja, gut... Wir kamen einfach hinten nicht hoch."

- *Rocco Birnbaum:*
- „...hier... so... habe ich ihn reingehalten, und dann den Ball voll in die Fresse gekriegt."

- *Reporter:*
- „Dankeschön, Herr Birnbaum, ich komme gleich noch einmal auf Sie zurück.
- „Herr Flöglein, wie können Sie in einer solchen Situation Ihre Mannschaft wieder aufrichten."

- *Trainer:*
- „Ja gut … das ist richtig. Wir müssen jetzt einfach den Kopf frei kriegen, das Essen nachher sacken lassen und uns klarmachen, dass das nächste Spiel das schwerste ist."

- *Reporter:*
- „Und wie wollen Sie Ihre Mannschaft im Training auf das nächste schwere Spiel vorbereiten?"

- *Trainer:*
- „Ja gut…, wir trainieren die zweiten Bälle und arbeiten mehr gegen den Ball."

- *Benno Witschke (leicht verwirrt):*
- „Das Training ist immer sehr anspruchsvoll. Das wird jetzt wohl noch komplizierter, wenn wir mit mehr Bällen spielen. Ich krieg schon den einen Ball kaum unter Kontrolle. Wie soll das erst werden, wenn wir mehrere Bälle auf dem Spielfeld haben… Wie viele zweite Bälle gibt es eigentlich? Und warum sollen wir jetzt gegen den Ball

spielen? Ich möchte lieber gegen eine andere Mannschaft spielen…!“

- *Rocco Birnbaum:*
- „Lass mich doch mal durch. Ich muss noch mal zum Interview. So, ich bin da.“

- *Reporter:*
- „Herr Birnbaum. Sie haben ja einen wirklich strammen Schuss der gegnerischen Mannschaft mit Ihrem Kopf abwehren müssen. Haben Sie eigentlich Kopfschmerzen?“

- *Rocco Birnbaum:*
- „Nein, nein, alles gut. Dafür ist die Omme ja da.“

- *Reporter:*
- „... und wie ist das dann eigentlich so unter Ihnen als Spieler. Nimmt man sich das übel, wenn man so abgeschossen wird? Erklären Sie uns das mal.“

- *Rocco Birnbaum:*
- „Ach was. Das gehört doch dazu. Dafür habe ich den Manni Kröger fünf Minuten später astrein hops genommen. Aber astrein! Soll ich mal zeigen wie?“

- *Reporter:*
- „Meine Herren, ich danke Ihnen für das Interview.“

- *Rocco Birnbaum:*
- „Haben Sie keine Fragen mehr an mich? Ich habe doch den Gegentreffer verhindert, als ich den Manni hops genommen habe...“

- *Reporter:*
- „Ja, Herr Birnbaum, das hatten wir ja gerade eben.

- *Rocco Birnbaum:*
- „Habe ich gar nicht gemerkt. Aber ich kann das doch noch mal erzählen. Soll ich?“

- *Reporter:*
- „Unsere Sendezeit ist jetzt aktuell gleich vorbei. Das besprechen wir dann beim nächsten Mal.“

- *Rocco Birnbaum:*
- „Aber nicht vergessen!“

- *Reporter:*
- „Aber Herr Birnbaum, wie könnte ich Sie jemals vergessen?! Dann wäre ich doch nur noch bedingt alltagstauglich.“

Über den Autor

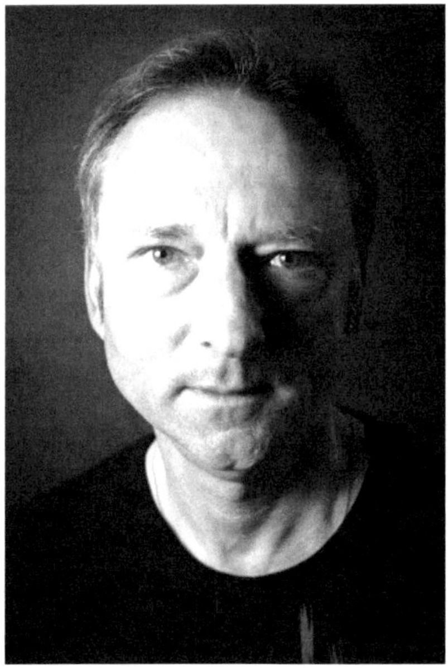

Helge Holm, geboren 1960, ist Dipl.-Verwaltungswirt, Dozent, Buchautor und Musiker.

Helge Holm betätigt sich bereits lange Jahre als Musiker und Komponist und hat vier CDs herausgegeben. Seit 2018 veröffentlicht er als Autor regelmäßig Bücher zu den Themen Musik, Wirtschaft und Zeitgeschehen.

In dieser Folge erschienen bereits mit den Büchern „Das bisschen Alter kann uns mal!“ und „Wenn die Falten fröhlich knittern“ zwei weitere humorvolle Bücher im DeBehr-Verlag.

Email: helgeholm@gmx.de

Mehr von Helge Holm bei DeBehr

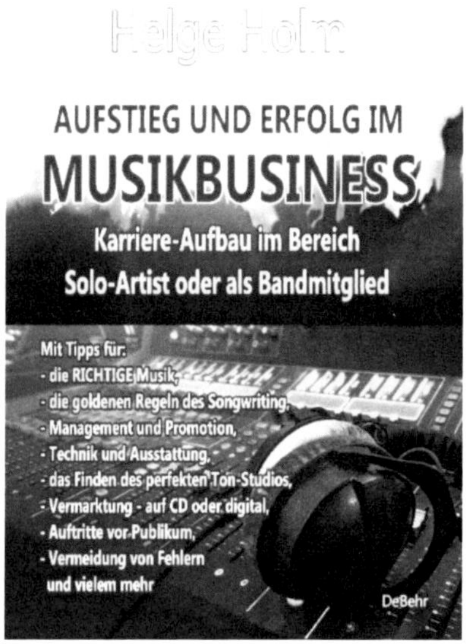

Du bist auf dem Weg zum Musiker oder verdienst bereits Geld mit deiner Leidenschaft, möchtest aber noch erfolgreicher werden? Dieses Praxisbuch zeigt Dir, worauf es ankommt und wie Du die notwendigen Schritte vorbereiten kannst, gewinnbringend Karriere zu machen. Bist Du eher der Solo-Musiker oder möchtest Du in einer Band auftreten? Wie findest du eine Band, die zu Dir passt? Welcher Musikstil soll es sein? Was sind die goldenen Regeln des Songwriting? Welche Technik und Ausstattung benötigst Du? Wie findest Du das perfekte Tonstudio? Welche Werbung bringt Dir Erfolg? Was musst Du bei Auftritten beachten? Welche Verträge im Business sind wichtig? Welche Fehler gilt es zu vermeiden? Dies und viel mehr erklärt auf verständliche Weise dieses Buch. Auch ohne Vorkenntnisse oder Beziehungen kannst Du Deine Strategie umsetzen und endlich mit Deiner Musik Geld verdienen.

Paperback mit 232 Seiten, Preis: 12.95€, ISBN: 9783957539663

Helge Holm

Das bisschen Alter kann uns mal

Humorvolle Tipps für eine glückliche zweite Lebenshälfte

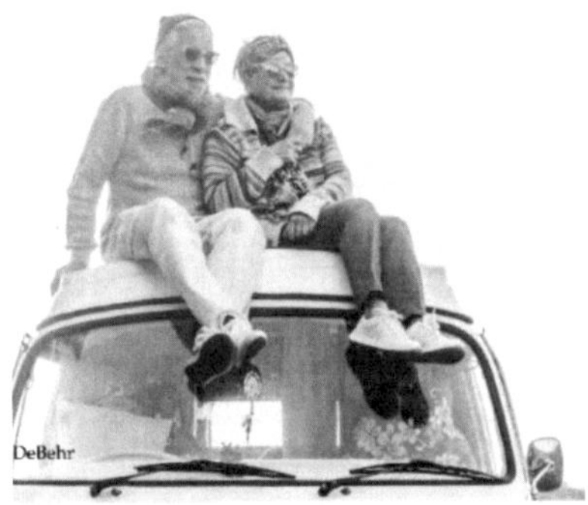

Klopfen die 50 an die Tür? Oder sind die 60 schon überschritten? Reißt der Wecker nicht mehr aus Träumen, weil der Arbeitsmarkt Sie in den Ruhestand geschickt hat? Sind die Kinder aus dem Haus? Wuselt Ihre geliebte zweite Hälfte beständig um Sie herum? Lockt die Couch mit Mittagsschläfchen-Angeboten? Glückwunsch, SIE SIND NUN ALT! In Rücken und Hüfte zwickt es. Der Friseur bändigt nur noch zarten Flaum. Die Augen schwächeln. Und es muss nicht immer Sex sein, ein gutes Essen tut es auch, was sich erfolgreich an den Hüften manifestiert. Eine üppige Lebenserwartung schubst uns gnadenlos in eine nie zuvor gekannte Leere von Tagen ohne gewohnte Pflichten. Die Zeit der neuen Selbstfindung steht bevor. Und deren wundervolle Möglichkeiten sind schier unbegrenzt. Machen Sie das Allerbeste daraus! Wie das geht, zeigt Helge Holm auf humorvolle Weise in seinem Ratgeber für alle, denn Alter ist Programm für jeden … irgendwann.

Paperback mit 188 Seiten, Preis: 11.95€, ISBN: 9783957538710

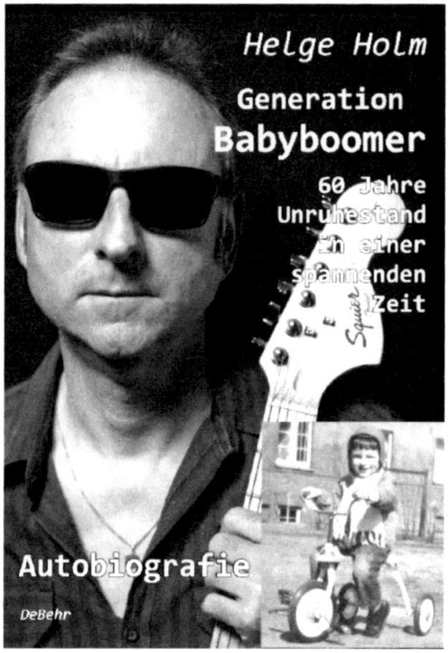

Der bekannte Musiker, Autor und Schauspieler Helge Holm gehört der Generation der Babyboomer an, jenen geburtenstarken Jahrgängen, die in einer Zeit aufwuchsen, welche gehörige Umbrüche brachte. Massive politische, wirtschaftliche, gesellschaftliche und nicht zuletzt technische Neuerungen standen an, quasi über Nacht wurde Vieles ganz anders, und so wurden die Boomer gezwungen, sich neu auszurichten. In seinem Buch beschreibt der Autor, wie diese Umbrüche sein Leben schicksalhaft beeinflussten und er das Beste daraus machte. „Verstehen kann man das Leben rückwärts; leben muss man es aber vorwärts", diese Weisheit haben die Babyboomer mehr als verinnerlicht. - Sie sind ein Babyboomer oder wollen wissen, wie Babyboomer ticken? - Sie suchen eine Herausforderung, vielleicht gerade in Ihrer 2. Lebenshälfte? - Sie sind mit Ihrem Leben nicht zufrieden und brauchen Anregungen, um etwas zu verändern? - Sie suchen Erfolgsrezepte und haben noch nie etwas von Frugalisten gehört? - Sie interessieren sich für schicksalhafte und interessante Lebensläufe? - Sie befinden sich permanent im Unruhestand? - Sie interessieren sich für deutsch-deutsche Begegnungen? - Sie wollen wissen, wie ein 60-jähriger Mensch seine Kindheit und die Zeit des „Damals" und „Heute" reflektiert? - Sie wollen wissen, wie man ohne Computer,

Internet und Handy überhaupt existieren konnte? - Sie sind künstlerisch interessiert? - Sie wollen wissen, wie man einen BURN-out überwindet? - Sie leben eigentlich im falschen Leben? Dann lesen Sie dieses Buch!

Paperback mit 240 Seiten, Preis: 11.95€, ISBN: 9783957537362

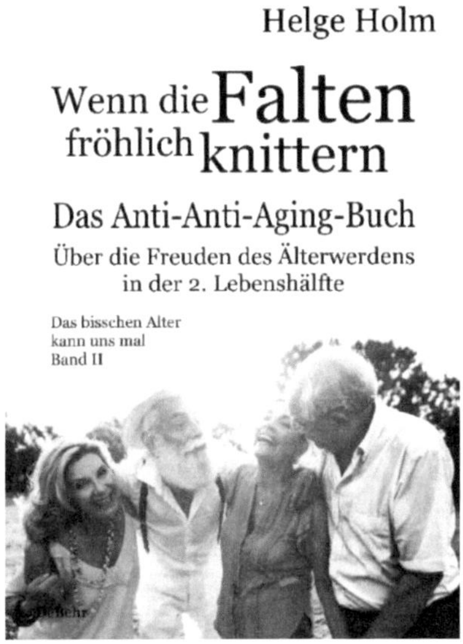

HURRA! Da sind sie, die ersten Fältchen als eines der Anzeichen, dass die 2. Lebenshälfte endlich begonnen hat. ALTER ist alles andere als tragisch, es verspricht sogar goldene Zeiten. Eltern haben plötzlich dauerhaft sturmfrei und finden sich neu als Paar. Ab und an etwas zu vergessen, kann sich als sehr erholsam erweisen. Durch mehr Freizeit bieten sich völlig neue Möglichkeiten der Hobby-Findung. Und wann konnte man schon 365 Tage im Jahr in den warmen Gefilden Urlaub machen? Im zweiten Band seiner Reihe "Das bisschen Alter kann uns mal" nimmt Helge Holm erneut das Älterwerden humorvoll auf die Schippe und gibt Tipps zum sich Rundum-Glücklich-Fühlen. Das Anti-Anti-Aging Buch für den bewussten Genuss dieses Lebensabschnittes.

Paperback mit 188 Seiten, Preis: 11.95€, ISBN: 9783987270l0

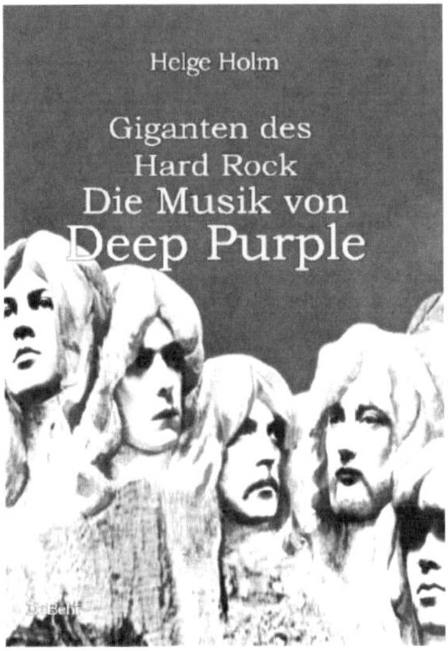

Deep Purple - die Giganten des Hardrock genießen rund um den Globus Kultstatus. Mit ihrem Sound aus wechselnden Lead-Instrumenten zwischen E-Gitarre und Orgel schufen sie eine stimmige Verbindung, die ursprünglich dem Zeitgeist geschuldet war, aber bis heute unverändert trägt. Inmitten des Soundgewitters steht Sänger Ian Gillan noch immer wie ein Fels in der Brandung und lässt seinen majestätischen Gesang erklingen, den die Fans seit über 50 Jahren lieben. In den Jahrzehnten seit ihrer Gründung hat die Band immer wieder für Schlüsselmomente gesorgt. Nicht nur der Urknall des Hardrock geht dank ihres Albums „In Rock“ auf sie zurück. Ihre zahlreichen Veröffentlichungen bieten reichlich Stoff für tiefere Betrachtungen. Neben immer neuen Höhepunkten gab es aber auch zum Teil quälende bandinterne Probleme. Dieses umfangreiche Buch zeichnet den musikalischen Werdegang der Gruppe anhand ihrer Albumveröffentlichungen nach. Alle 22 Studioalben werden ausführlich besprochen. Darüber hinaus gibt es einen umfassenden Überblick über die zahlreichen Live-Veröffentlichungen und eine detaillierte Charakterisierung der einzelnen Bandmitglieder. Trennungen, Wiedervereinigungen, Mitgliederwechsel und deren Hintergründe werden beleuchtet.

Paperback mit 350 Seiten, Preis: 19.95, ISBN: 9783987272004